中日ドラゴンズ論

〝不気味〟さに隠された勝利の方程式

今中慎二
Shinji Imanaka

ベスト新書
304

はじめに

史上まれにみる混戦。2010年のプロ野球はそんな年でした。

パシフィック・リーグ（以降パ・リーグ）はリーグ最終戦まで優勝争いがもつれ、ソフトバンク・ホークスが優勝しました。西武ライオンズ絶対優位といわれる状態からの劇的な逆転優勝でした。

一方、セントラル・リーグ（以降セ・リーグ）もまたすさまじい戦いでした。残り10試合を切っても中日、阪神、巨人の3チームに優勝の可能性があり、日ごとにその状況が変わる展開は、解説者泣かせのシーズンだったといっていいでしょう。

そして、その中心にいたのは、中日ドラゴンズでした。

今年のドラゴンズは、これぞドラゴンズの典型といえる戦いを繰り広げました。シーズン序盤から中盤まではのらりくらりと勝率5割ラインをさまよっていましたが、上位の巨人、阪神がもたつくと見るや、終盤に一気に加速。9月10日には遂に4月15日以来の首位に立ちます。

そこから猛烈に追い上げる阪神、巨人をかわし見事、優勝のゴールテープを切りました。優勝が決まったのは143試合目。阪神が広島に敗れたことでようやく手にした勝利でした。

前半のらりくらりと戦い、夏場に入ると一気に加速する。ドラゴンズの戦い方です。これは、私が現役時代の頃と変わっていません。夏場に入ると、なぜかスイッチが入り、そして優勝争いに加わっていきます。

よく評論家の方々が「中日ドラゴンズは不気味だ」と言われるゆえんの一端だと思います。

7シーズン目の指揮を執った落合監督は、現役時代もドラゴンズを支えたスター選手でした。私が投げている時も、ずいぶん援護してもらいました。巨人に移籍されてからは、ずいぶん打たれましたけど（笑）。そんな落合監督体制になってからは、ドラゴンズの「不気味さ」は、さらに拍車がかかったように思います。

セ・リーグのほかの5球団からすれば、本当にいやらしい、負けないチームだと感じているのではないでしょうか。後述しますが、実際にドラゴンズは12球団でもっともBクラスから遠ざかっているチームです。もう9年連続でAクラスに居続けています。

なぜ、ドラゴンズは「不気味」であり、そして「勝ち続ける」ことができるのでしょうか。

今回は、その理由に迫ってみたいと思います。

そしてもうひとつ。

ドラゴンズの課題として「不気味」な存在止まりである、という事実もあります。ファンの方はそれを揶揄《やゆ》して「万年2位球団」と言ったりします。確かに、この20年で2位は実に10回。さらに、巨人がV9を達成した間の9年のうち、中日の2位は4回もありました。

なぜ、ドラゴンズは最後の最後に勝てないのでしょうか。

そんなところも、私なりの考察をしてみたいと思います。

巨人や阪神といった球界の中心にいる球団は、その魅力を探った本がいろいろとあります。しかし、ことドラゴンズにはまだ多くありません。

この本では、ドラゴンズの強さの秘密をいろいろな角度で検証し、そこからドラゴンズという球団の魅力を紹介していきたいと思います。

中日ドラゴンズにも、巨人や阪神に負けない伝統やストーリーがあります。この本を読んで、ぜひドラゴンズに興味を持ってもらえれば、と思います。

また、今回の本は、主に1980年代以降についての言及が多くなっています。ところどころ、現役時代に私が先輩方から教わったことなども入っていますが、基本は私が、実際に見てきたドラゴンズを中心に考察していきたいと思いますので、その点だけご理解ください。

中日ドラゴンズ論——目次

第1章　中日ドラゴンズが勝つ「当たり前の理由」
～明確なシーズンプラン～

第2章　中日ドラゴンズの「不気味」さの理由

～先入観を作りだすメディア対策～

第3章　中日ドラゴンズの監督力

～星野イズムと落合イズム～

第4章　中日ドラゴンズの伝統力
～なぜ、投手力が強いのか～

第5章　中日ドラゴンズと未来
～ファンと一体感のあるチームに～

撮影●小塚清彦（197頁）

第1章　中日ドラゴンズが勝つ「当たり前の理由」

～明確なシーズンプラン～

ドラゴンズが強いシンプルな理由

2010年、中日ドラゴンズはセ・リーグを制しました。このドラゴンズ、今12球団の中でもっともBクラスから遠ざかっているチームで、Aクラス（3位以上）は9年連続で継続中です。

なぜ、ドラゴンズは勝てるのか。

その答えは、簡単です。そしてそれは、今回の本を出すにあたって、落合監督からいただいたコメントがすべてを言い表しているでしょう。

「プロにとって当たり前のことをしているだけ。それが中日の強さ」

「なんだ、そんなこと分かっている！」と思われる方も多いでしょう。けれど、言わせてください。野球をするにあたって「当たり前のこと」ができる選手、チームは本当に少ないのです。それは、プロでさえ、です。だからこそ、ドラゴンズが勝った理由には価値があると思います。

では、その「プロとして当たり前のこと」とは何か。

今シーズン、何度もドラゴンズ戦を取材に行き、シーズン終盤でドラゴンズの選手たちにある変化があることに気が付きました。

それは、打者が一塁まで全力で走っていた、ということです。脚を怪我《けが》しているはずの和田一浩をはじめ、中軸を打つ森野将彦もブランコも、凡打でも一塁まで全力で走っていました。

「打ったら全力で走る」――こんなことは、野球を一度でもやったことがある人なら必ず言われるような「当たり前のこと」。けれど、プロ野球をよくご覧になる方ならお分かりになると思いますが、残念ながらこの「当たり前のこと」を、すべてのプロ野球選手ができているわけではありません。もちろん欠かしてはいけないことですが、年間144試合という長丁場、500以上の打席で常に全力疾走する、というのは体力的にも精神的にも非常にきついことなのです。

では、なぜドラゴンズの選手たちがシーズンの終盤になって全力疾走をしていたのでしょうか。実はこれには落合監督の指示があったそうです。シーズン終盤、チームこそ勝ち続けているとはいえ、打者はなかなか得点が奪えず非常にふがいない試合が続いていました。そんな、投手に頼りっぱなしの打者に落合監督が指導したのは、技術的なことでも精神的なことでもなく、ごく単純な「当たり前のこと」、「一塁まで全力で走れ」でした。

これを例にとっても、いかにドラゴンズというチームが「当たり前のこと」を重視しているかが分かります。

そして重要なことは、重視しているだけでなく、「当たり前のこと」を実践できているチームであることです。だからこそ、ドラゴンズは強い、といえるのです。

まずはドラゴンズというチームがいかに「当たり前のこと」を実践できているチームかを見ていくことにしましょう。

夏場に勝つ、という当たり前

プロ野球チームとして目標は何か、と聞かれたら、誰もが「優勝」と答えるでしょう。そしてその優勝は、高校野球のような負けたら終わりのトーナメントではなく、144試合という約7カ月にわたる長丁場のシーズンでもっとも勝率が良いチームに与えられます。

落合監督はかつて「144試合勝つのが理想」と話していましたが、実際はそうはいきません。勝つときもあれば、負けるときもあります。そして、選手の調子が良いときもあれば、悪いときもある。そんな中、最終的に優勝という栄冠を勝ち取るには、シーズンの中で、「いつ勝つべきか」「いつ調子を上げるべきか」ということが重要になってきます。

そして、その答えはもちろん、シーズンの中盤から終盤にかけて勝ち、調子を上げる、ということになります。確かに、開幕から良いスタートを切り、そのまま優勝する、というチームもなくはありません。しかし、そんなチームもほとんどはシーズン中盤から終盤にかけてきちっと勝ち、選手たちも良いパフォーマンスをしています。

つまり、優勝できるチーム、強いチームというのは夏場といわれるシーズンの中盤から終盤にきちんとした結果を出すことができるチーム、といえるでしょう。これは、プロを経験した野球選手なら誰もが分かっているだろう、「当たり前のこと」です。

ドラゴンズの「脅威の追い上げ」

そして、ドラゴンズはとにかくこのシーズン中盤から後半にかけて強く、上位チームを追い上げていくのが得意中の得意なのです。

2010年シーズンは典型的なシーズンでした。ドラゴンズは7月の時点で巨人に8ゲーム差をつけられていました。しかし、ここから脅威の追い上げをみせます。7月を13勝7敗1分の貯金6、8月を14勝12敗の貯金2、そして9月を15勝6敗1分の貯金9とこの間実に17の貯金を積み重ねます。10月は1試合しかなく、ヤクルトに敗れたものの最終的に今シーズンのドラゴンズの貯金は17（79勝62敗3分）ですから、そのほぼすべてを7月からの3カ月で稼いだことになります。

今年の例にとどまらず、このシーズン中盤から終盤にドラゴンズが力を発揮できることとは、明快にデータが示しています。ここ15年、1996年から2010年の間のセ・リーグの勝利数ランキングを見ると次のようになります。

1位　中日ドラゴンズ　580勝（486敗16分）

2位　読売ジャイアンツ　　579勝（461敗14分け）
3位　東京ヤクルトスワローズ　　544勝（538敗26分）
4位　阪神タイガース　　522勝（543敗20分）
5位　横浜ベイスターズ　　500勝（584敗18分）
6位　広島東洋カープ　　487勝（609敗16分）

ドラゴンズは、この15年間でシーズン終盤にもっとも勝っているチームなのです。

さらに、この15年間（60月）で負け越した月の回数が、巨人の16回に対しドラゴンズは14回とこれも最も少ない数字となっています（ヤクルトが25回、阪神が34回、横浜が35回、広島が38回）。さらには、ゲーム数の少ない10月を除くと、7月から9月の3カ月連続で負け越した年がないチームは、セ・リーグではドラゴンズだけです（巨人は2005年に1度）。

繰り返しになりますが、7カ月という長丁場を戦わなければならないペナントレースにおいて、終始、同じ力で戦っていくのは不可能です。プレーする選手も人間ですから、シーズンが進むにつれ疲労は蓄積され、暑い時期の夏場になるとそれはピークに達します。思うようなパフォーマンスがなかなかできなくなり、そのような選手がひとり、またひとりと増えていけばチーム全体の力がダウンすることは言うまでもありません。しかし、この時期はペナントレースの行方を左右する大事な局面でもあります。ここでつまずけば優勝はおろか、Ａクラスすら危ぶまれるといっていい重要な時期です。

しかし、ドラゴンズはそのペナントレースを大きく左右するシーズン中盤から終盤にかけ、圧倒的な追い上げで勝利を重ね、貯金を増やすという「当たり前」の戦いをすることによって順位を上げているのです。

勝つための明確なシーズンプラン

ドラゴンズはシーズンを戦う上で理想的な戦い方をしている、ということをお話ししました。では、なぜドラゴンズの選手は夏場からシーズン終盤にかけて力を発揮できるのでしょうか。

実はドラゴンズの選手たちは昔から、この夏場に照準を合わせ、そこから逆算してキャンプ、そしてシーズンに入っています。ここにシーズン中盤から終盤に勝つという「当たり前のこと」を実践できるドラゴンズの強さのひとつの秘訣《ひけつ》があります。

私自身、このシーズンプランをはっきりと意識して戦っていました。入団1、2年目こそ右も左も分からないような状況だったので、ただがむしゃらに投げていただけでしたが、ある程度経験を積み、先輩方の調整法などを見ているうちに自分でも1シーズンを戦い抜く術を理解、体得していきました。

それはつまり、開幕に調子のピークを持ってこないこと。そのため、春先の成績は決して良くはありませんでした。数字だけを見れば良かった年もありましたが、個人的に体調が万全な状態でマウンドに上がれたことは少なかったと思っています。

私の例で言うと、具体的には、開幕戦まではせいぜい6割くらいに体を仕上げておく。そこから試合で投げながら実戦感覚を鋭敏にさせていきます。普通なら、シーズンに入り先発ローテーションに入ればそう多くの投げ込みをしません。けれど、当時の私は特に春先の登板のない日は、中5日であればそのうち3回はブルペンで投げ込みを行い、遠投や走り込みを徹底的に行いました。シーズンに入ったからといって日々のトレーニングを調整としてとらえるのではなく、夏場にベストなコンディションに仕上げることを目標にトレーニングをしていたからです。

私の現役時代は、まだ今のような中6日の完全なローテーション制ではなく、シーズンの大事な局面になると中4日でも3日でもマウンドへ上がることなど当たり前でした。チームとしても、そういった展開になればなりふり構わず良い投手をどんどんつぎ込んでいこうという方針でしたし、私たち先発投手も与えられた役割を果たすのに必死だったためスタミナのことなど考える余裕もありませんでした。それでも投球に著しい支障が出なかったのは、開幕に調子のピークを合わせるのではなく、そこから徐々にコンディションを整えていった結果だと感じています。

メジャーリーグのニューヨーク・ヤンキースにCC・サバシアというメジャーを代表する投手がいますが、彼もまたこのような調整法で年間を通してフルに投げ続けられる投手です。

聞いた話によると、シーズン序盤の彼のボールはお世辞にも良いとは言えず、周囲から「こんな投手がなぜ20勝もできるのだ」と言われるほど。しかし、夏場をピークに次第にボールは威力を増し、そこからバテるどころか水を得た魚のように快投を続けていきます。本人からすれば、「序盤は他の投手がチームをもり立ててくれるだろう。チームが求める私の勝利は夏場以降のプレーオフを含めたシーズン終盤。ここで勝たなければ何の意味もない」という考えなのでしょう。事実、２０１０年も21勝をマークしていますが４、５月の成績は４勝３敗、防御率４・17。それが７月には４勝１敗、防御率２・30と調子を上げ、優勝争いのかかった８、９月で８勝３敗、防御率３・23と活躍しました。

このように私の現役時代はもとより、ドラゴンズの選手たち、特にベテランになればなるほどコンディション作りに関して、開幕＝ピークとは考えていないのです。選手個人によって調子がピークになる時期はそれぞれですが、ドラゴンズの場合、チーム内で見ても総じてスロースターターの選手が多いですよね。特に野手に関しては、春先はパッとしない成績だったが、気がつけば最低限の数字を残している選手が少なくありません。

現在、ドラゴンズの監督を務める落合さんもその一人だったと記憶しています。序盤はゆっくりスタートし、優勝争いが激しくなる夏場以降、グンと成績を上げてきます。

2010年でいえば、その代表格は荒木雅博になるでしょうか。シーズン序盤は打率も低くチームのリードオフマンとしての役割を果たせていませんでしたが、夏場から快打が増え、最終的には打率を3割近くにまで上げています。チームの成績も、荒木の成績と比例するように上がっていきました。

主力の調子が上がればチームにも勢いがつきます。他球団がバテ始めている夏場、このような選手が増えてくれば、相手にとって実に厄介であることはお分かりいただけるでしょう。

開幕＝ピークではない

特に落合監督は、開幕＝ピークではない、というシーズンプランを持っているように感じます。そのいい例として、普通ならば「エース」といわれる投手を登板させるとされる開幕戦に、驚きの起用を2度もしています。一度は2004年の開幕戦に、故障で3年間登板のなかった川崎憲次郎を起用したこと、もう一度は2009年、前年までセットアッパーだった浅尾拓也の起用です。決して、開幕戦を軽んじてるわけではありませんが、開幕＝ピークという発想では考えられない起用法といえるでしょう。

このようにドラゴンズには、シーズンのどこにピークを持っていくべきかというプランが伝統的にある、といえます。落合さんは現役時代、キャンプのほとんどが別メニューで、自分のペースでトレーニングを続けていたことから〝オレ流〟と呼ばれていたことがその象徴ですが、長年レギュラーを務めた選手のほとんどは、実績と経験があるため「いつまでに調子を上げればいいか」ということを体が覚えているのです。

一方で、若手やレギュラー予備軍の選手たちはそういうわけにはいきません。彼らは開幕一軍やレギュラー定着を目指しキャンプから切磋琢磨します。そのため、主力選手たちがまだ調子が6分程度の春先には、その若手やレギュラー予備軍と呼ばれる選手が頑張る。ここ数年のドラゴンズでは、それが藤井敦志や堂上剛裕、２００６年にセ・パ交流戦と6月の月間ＭＶＰに輝いた佐藤充らが当てはまるでしょう。彼らは春のキャンプから精力的にトレーニングを積み、紅白戦やオープン戦などでアピールを続け、開幕時にコンディションをピークに持っていくことで、開幕スタメンまたはローテーション入りを強くアピールします。しかし、やはり疲労が溜まった7月あたりになるとガクンと調子を落とし、気がつけばファーム、という例も珍しくはありません。

特にこの時期になると、シーズンの趨勢《すうせい》が見え始めていることからチームも主力の力をそれまで以上に頼るようになります。表現は悪いですが、監督としてはぽっと出の選手よりも実績を積んだ選手に期待するのは当然のことです。

若手が息切れし始めると、主力の出番です。夏場を目指し、コンディションを調整している主力やベテラン、2010年でいえば荒木のような選手が一気に調子を上げてきます。このようにベテランや主力が最初からシーズンの最も重要な時期を見据えているのがドラゴンズなのです。

これはもちろん、ドラゴンズに限ったことではありません。最近ではヤクルトの青木宣親がいい例です。ヤクルトは先ほど紹介したシーズン中盤から終盤にかけての勝率でも5割を超えている、シーズンプランが上手な部類のチームといえます（20ページ参照）。その中でも青木は特徴的です。2009年の青木は開幕から絶不調で、5月中旬の時点で打率が2割3分を前後するという、通常の彼では考えられないほど打てない期間が続きました。しかし、交流戦の終盤から調子を取り戻すと、それ以降はうなぎ上りに打率を上げ、最終的には3割3厘という数字を残し、ヤクルトのクライマックス・シリーズ進出の大きな原動力となりました。2010年に関してもヤクルトは、青木の打率が上がるとともに最大19と大借金を抱えていたチームに勢いがつき、加えて前半戦で絶不調だったエースの石川雅規や怪我が多かった館山昌平が夏場を境に安定したことで、借金返済はおろかクライマックス・シリーズ進出を最後まで争う健闘をみせました。彼らもまた、長年の経験から開幕までに体の状態を最高潮にしなくてもいいことを理解しています。だからこそ、序盤に成績が伴わなければ少しギアを上げて体を鍛え直すことができるし、疲労を溜《た》めることなく次第にパフォーマンスを高めることができる。このことを理解している選手が多いチームほど、強いチームといえます。

1994年のドラゴンズを例に挙げてみましょう。この年は、首位に最大10・5ゲーム差をつけられる苦しい展開。私自身、「さすがに離されすぎたかな」と正直、巨人と広島の首位争いをどこか他人事のように見ていた時期もありました。けれど、夏場に向けてコンディションは徐々に上がっていく。春先と違ってボールに威力が増し、極端に言ってしまえば意識しなくても勝てるようになっていました。結果はご存知の通り、シーズン最終戦に勝った方が優勝という、熾烈《しれつ》な優勝争いを繰り広げるまで追い上げました。これがあの「10・8決戦」です。

追い上げを得意とする中日にとって、これが理想のスタイルだと思います。「先行逃げ切り型」で優勝したのは、私が覚えている範囲で言っても1999年だけでしょう。開幕戦から破竹の11連勝で勢いに乗り、5、6月に多少躓いたものの大崩れはせず、結果的には2位の巨人に6ゲーム差をつける盤石のリーグ制覇でした。ちなみに、このシーズンも7〜10月にかけ、44勝25敗と大きく勝ち越していることも付け加えておきましょう。

7月以降の「ターゲット」プラン

ドラゴンズの主力選手たちが、夏場を目安に尻上がりにコンディションをピークにもっていけるように調整していることを話してきましたが、加えて、ドラゴンズはこの時期に、チームとしての明確なプランも持っています。

再三繰り返しますが、７月からの約３カ月の戦い方がシーズンの行方を大きく左右します。その中で、ドラゴンズは７月を重要視しているといえます。これはなぜかというと、この７月である程度、順位が固まりつつあるからです。ドラゴンズはこの７月、それもオールスター明けからターゲットを絞った戦いをします。

先にも紹介した１９９６年以降のデータをもう少し詳しく説明すると、ドラゴンズは７月に負け越したシーズンは３度しかありません（１９９６年、２００２年、２００８年）。優勝回数がドラゴンズよりも多い巨人ですら７度あることからも、この成績がどれだけ優れているかがお分かりいただけるでしょう。

私自身も現役時代、オールスター明けから優勝争いに向けたターゲットとなるチーム（ほとんど巨人でしたが）を中心に登板するようローテーションに組み込まれました。その証拠に、私は当時あまり強くなかった阪神などへの登板は非常に少なく、強かった巨人や広島での登板が多くありました。

このプランは落合監督になってからさらに顕著に見られるようになります。

７月以降になるとターゲットに据えたチームを起点としたローテーションに組み替え

ます。いくら優れた投手が揃《そろ》っているからといって、それだけで優勝できるほどペナントレースは甘くありません。休ませるときはしっかりと休ませ、そのせいで負けたとしても仕方がない。ただ、ターゲットに絞った、2010年シーズンでいえば巨人と阪神にだけは絶対に負けない。そのようなローテーションをこの時期に作り直すのです。

私自身、既定路線の登板日を回避させてでも巨人戦で投げていたように、現在の二枚看板である吉見一起とチェンは、7月以降は巨人戦と阪神戦に惜しげもなく投入されています。9月3日の巨人3連戦の初戦では、それまで中6日をきっちりと守ってきたローテーションをわざわざ崩し、中6日で先発予定だったネルソンではなく、中5日で吉見を先発させたことからもそのことを納得してもらえるでしょう。

「追い上げのドラゴンズ」の原点1988年、夏

さて、この追い上げのドラゴンズはどのようにして生まれたのでしょうか。

象徴的だった「追い上げのドラゴンズ」といえば、優勝した1988年。私は、この年が一つの原点だったのではないかと思います。私が入団したのはこの1年後だったの

で一緒に戦ってはいないのですが、後々にいろいろと聞いた話によると、このシーズンはまさにシーズン中盤から終盤の追い上げが優勝につながった典型的なシーズンだったそうです。

その年、ドラゴンズは、4月に16勝19敗2分とまったく波に乗ることができなかったものの、6月に13勝6敗、7月は12勝7敗、そして8月には実に15勝5敗3分と完全に勢いに乗り、見事優勝を果たします。

選手も、開幕戦でエースの小松辰雄さんが怪我で戦線離脱し、主砲の落合博満さんが絶不調と前半戦はベテラン勢が苦しみます。そんな中、この年新人王を獲得する立浪和義さんや西武からトレードで移籍し1年目の小野和幸さんらがチームを支え、なんとか持ちこたえると、5月に小松さんが復帰、7月9日のヤクルト戦に落合さんが2本の本塁打を放つと、ここから復調。オールスター期間中に投手を再編し、後半は落合さん、宇野勝さんら打線が爆発、さらにはストッパーの郭源治さんの活躍もあり一気に勝負をつけました。まさに、明確なシーズンプランが優勝につながった、象徴的なシーズンでしょう。

こうした夏場の踏ん張りが優勝へ直結する、という成功体験がその後のドラゴンズの原点ともいえます。選手たちも、この成功体験を大きな糧として受け継いでいくことになるのです。

シーズン中盤から終盤に勝つ。優勝するためには「当たり前のこと」ですが、それをしっかりできるドラゴンズ。決して派手さはないですが、押さえるべきところを押さえているからこそ、常に良い成績を残せるのだといえます。

ホームで負けない

ほかにも、勝つために「当たり前のこと」をいかにドラゴンズができているかを示す例のひとつに、「ナゴヤドームで負けない」ということがあります。特に2010年は、ナゴヤドームで圧倒的な勝率を誇ったことが話題になりました。参考までに、ここ5年間のセ・リーグのチームの本拠地での勝率を見てみましょう。

中日ドラゴンズ

2010　ナゴヤドーム51勝17敗1分
2009　ナゴヤドーム40勝26敗1分
2008　ナゴヤドーム37勝26敗4分
2007　ナゴヤドーム41勝26敗
2006　ナゴヤドーム47勝22敗1分

読売ジャイアンツ

2010　東京ドーム42勝22敗／**ナゴヤドーム2勝10敗**
2009　東京ドーム40勝20敗3分／ナゴヤドーム8勝4敗
2008　東京ドーム41勝22敗／**ナゴヤドーム5勝7敗**
2007　東京ドーム37勝25敗1分／**ナゴヤドーム6勝6敗**
2006　東京ドーム35勝29敗／**ナゴヤドーム3勝8敗**

阪神タイガース
2010 甲子園球場35勝22敗3分／**ナゴヤドーム2勝10敗**
2009 甲子園球場32勝27敗1分／**ナゴヤドーム5勝7敗**
2008 甲子園球場41勝19敗1分／ナゴヤドーム7勝4敗1分
2007 甲子園球場34勝26敗2分／ナゴヤドーム7勝5敗
2006 甲子園球場38勝20敗2分／**ナゴヤドーム1勝10敗**

ヤクルトスワローズ
2010 神宮球場34勝31敗1分／ナゴヤドーム6勝5敗1分
2009 神宮球場38勝31敗／**ナゴヤドーム5勝5敗**
2008 神宮球場31勝33敗1分／ナゴヤドーム6勝5敗1分
2007 神宮球場35勝33敗／**ナゴヤドーム1勝11敗**
2006 神宮球場32勝32敗1分／**ナゴヤドーム5勝5敗**

広島東洋カープ
2010　マツダスタジアム31勝37敗／**ナゴヤドーム2勝10敗**
2009　マツダスタジアム29勝37敗1分／**ナゴヤドーム3勝8敗**
2008　広島市民球場35勝28敗3分／**ナゴヤドーム2勝8敗2分**
2007　広島市民球場32勝34敗／**ナゴヤドーム3勝8敗**
2006　広島市民球場35勝28敗2分／**ナゴヤドーム4勝5敗1分**

横浜ベイスターズ
2010　横浜スタジアム25勝39敗1分／**ナゴヤドーム2勝8敗**
2009　横浜スタジアム22勝43敗／**ナゴヤドーム3勝9敗**
2008　横浜スタジアム27勝37敗1分／**ナゴヤドーム2勝7敗**
2007　横浜スタジアム39勝27敗／**ナゴヤドーム5勝7敗**
2006　横浜スタジアム32勝31敗3分／**ナゴヤドーム2勝8敗**

この5年間のホーム通算成績を見ると、ドラゴンズは216勝117敗7分、巨人は195勝118敗4分、阪神は180勝114敗9分などドラゴンズが他の5チームを圧倒していることが分かります。

続いてナゴヤドームでの対戦成績を見ると、この5年間で5球団に対し負け越したのは巨人の2009年、阪神の2007年と2008年、ヤクルトの2010年、2008年の5回しかありません。2回勝ち越している阪神でさえ、2006年は1勝、2010年は2勝しかしておらず、完全に苦手としています。

また、2010年のシーズンにおいては上位2球団はこの傾向が顕著で、阪神、巨人ともに12試合を戦い、たったの2勝しかできませんでした。ドラゴンズがセ・リーグを制覇できた理由は、まさにこの本拠地・ナゴヤドームでの地の利といっても過言ではないでしょう。

特にこのシーズンの阪神は私が見ていても、甲子園球場とナゴヤドームでは明らかに選手の動きが違いました。

チーム打率が2割9分に迫るチームが、ドラゴンズ戦になると一転、2割3分8厘と全く打てない。しかも、ナゴヤドームでは、主砲・新井貴浩の2割3分3厘（1本塁打）を筆頭に、47本塁打を放ったブラゼルが打率1割7分8厘（1本塁打）、城島健司が1割5分9厘（1本塁打）、とさんざんな成績でした。

打撃だけではありません。守備でも甲子園では見られないようなプレーが連発しました。9月21日のマートンの守備などその象徴でしょう。優勝争いが佳境を迎えた試合、2対0と緊迫した展開の中、8回ツーアウトからそのプレーは訪れます。ランナーを1塁に置き、ブランコが打ったレフト前ヒットを堅実な守備に定評のあるマートンが後逸し追加点を献上してしまいました。一塁走者を三塁へ進ませないために突進してきたこともあるでしょうが、いつもの彼ならまずやらないプレーだったでしょう。結局これがダメ押し点となり、阪神は敗れドラゴンズが優勝争いで抜きんでていきます。

実は、私自身なぜドラゴンズがここまでナゴヤドームで強いのか、明快な答えを見つけられないでいます。ドラゴンズの投手にとって投げやすいマウンドであるということはあるでしょうが、それにしてもあまりに相手チームの選手の動きは悪いのです。

阪神はいつも甲子園という大観衆の中でプレーしているので、雰囲気に呑まれるといったこともないでしょう。以前、あまりにも阪神の動きが悪いので、巨人の原辰徳監督に、「阪神はナゴヤドームでは明らかに動きが違いますが、東京ドームではどうですか?」と聞いたことがあります。原監督は、「東京ドームと甲子園球場では特に動きに変わった点は見当たらないな」と仰っていました。やはり、ナゴヤドーム特有のものなのでしょう。

いずれにせよ、本拠地でこれだけの力を発揮できれば、良い順位を残せることは明らかでしょう。

ここまで見てきたような「当たり前のこと」は、いくつかの例にすぎません。

ほかにもドラゴンズは、練習量が多い、投手陣が優れている、「勝つ」ことが最大にして唯一の目標であるなど、本当に「プロとして当たり前」のことを地道にやっているチームです。

だからこそ、強い。

もしかするとその勝利数に比してあまり華やかなイメージがないことも、それを証明しているのかもしれません。

第2章　中日ドラゴンズの「不気味」さの理由

～先入観を作り出すメディア対策～

落合監督のメディア対策と先入観

ドラゴンズはよく「不気味」だ、といわれます。シーズン前の優勝予想や、シーズン終盤での優勝争いでは、特にそう評されています。

これは、これまでお話ししてきた「当たり前のこと」が確実にできているチームであるという先入観が大きく影響していると思います。シーズン終盤に確実にドラゴンズは来るだろう、本拠地ナゴヤドームでは勝てない、ドラゴンズの投手陣は強力だ……。そういったいろんな要素が相まってドラゴンズの「不気味」さは生まれているのでしょう。

そんな中で、現在の落合監督はこの「不気味」さをさらにうまく利用している監督といえます。そしてそのことがさらに、ドラゴンズの「不気味」さを助長している、と感じています。

落合監督は、先ほどの「ナゴヤドームに強い」というデータがあれば、それを相手にさらに強く印象づけ、もっともっと相手にプレッシャーを与えるという戦略をとる。そうすることで、相手を委縮させ「また負けるかも……」というイメージを植え付けるのです。その際たる方法が、メディア対応でしょう。

落合監督は、あまりメディアにコメントを出さないことで知られていますが、これもこのようなイメージ戦略の一環ではないかと思うのです。多くを語らなければ、出したその一言が大きく話題となり、取り上げられる。否でも応でも相手の耳に入ります。

こうして、コンプレックスを強く意識させ、先入観を植え付けるのです。

つまり、落合監督はこうした先入観をうまく利用し試合前からチームを優位に立たせることができる、計算に長《た》けた監督なのです。

ナゴヤドームでの話を続ければ、2010年9月3日の巨人戦で勝利したとき、記者の「巨人は今年、ナゴヤドームを苦手にしていますよね」という質問に「どのチームがアウェイで勝ち越してる？　ここ（ナゴヤドーム）で勝てば帳消しになる」と話していましたが、まさしくこれも先入観を与える要素となっています。落合監督がたったひと言、「ホームでは勝つ」というようなことを口にすれば、それだけでメディアは「ドラゴンズが有利」と報道してくれます。

球場だけではなく選手に対しても同じです。ドラゴンズ不動の守護神・岩瀬仁紀にしても、「岩瀬で負けたら仕方がない」とつねづね話すことで、対戦チームは岩瀬が出てくると意気消沈し、たとえ岩瀬が本調子でない日でも打ち損じてくれます。

また、「荒木と井端弘和の出塁がポイント」と言えば、「二人を塁に出させてはいけない」と意識するあまり、相手投手は厳しいコースにボールを投げすぎて四死球を出してしまったり、ファウルで粘られるのを恐れるあまり甘いコースにボールがいってしまい、結局は安打を許してしまう……そんな場面をこれまで多々見てきました。

対戦相手に過剰に意識をさせる。そのためにはどういうコメントをすればよいのか、普段からどういう対応をすればよいのか、落合監督はしっかり計算していると思います。

また一方でメディアを、選手を鼓舞させるためのフィルターとして使うこともあります。２００９年まで東北楽天ゴールデンイーグルスの監督を務めていた野村克也さんが、メディアを通して選手たちに課題を自覚させる方法をとっていたことは有名ですが、落合監督の場合、どの選手も一律にそうするのではなく、選手の性格やチームでの立ち位置を見たうえで似たような方法をとります。そしてこれがまた、相手チームにはいろいろな先入観を与えることになります。

例えば、若手やベテラン選手には口に出してはっきりと褒めます。いい例が4年目の岩崎達郎と大ベテランの山本昌さんです。岩崎は2010年、入団後最多の試合出場を果たしましたが、そのほとんどが守備固めでした。打撃に関していえば、まだまだレギュラーには程遠い選手だったのです。しかし、2010年9月1日の広島戦で、1対1の同点で迎えた延長10回裏にプロ入り初の本塁打となるサヨナラ2ランを打ちヒーローとなると、落合監督は「今日は岩崎のことをいっぱい書いてくれ」と記者たちにお願いし、続けて「これから使いやすくなる」と言うことで、「うちには岩崎もいるんだ」ということをさりげなくアピールしました。

また、同年9月4日の巨人戦で史上最年長完封勝利を収めた山本昌さんに対しても、岩崎同様、「今日は山本昌に聞いてやってくれ。みんないっぱい書くことがあるだろ」と絶賛しました。

普段、あまりコメントを出さない落合監督が絶賛すれば、その選手のモチベーションが高まるのはもちろん、メディアもその凄さを大きく報道してくれます。

メディアがこのように報道してくれれば、いつしかその表現は「ドラゴンズは怖い」「ドラゴンズは不気味だ」という抽象的な文言に変わり、それを見た相手チームは「うちとの対戦ではどのようなことをやってくるのだろう?」とドラゴンズというチームを自然と脅威として見るようになります。対戦前には本来考えなくていいようなことまで考える悪循環に陥ってしまう、まさに不気味なドラゴンズが出来上がるのです。

マイナス要素は言わない

こうして、「語らない」ことで、メディアを通じて相手に先入観を与えることは落合監督の巧みな術です。「情報操作」と言えば大げさかもしれませんが落合監督が「情報」を何より重要視していることは確かです。

そしてもうひとつ、落合監督を注視していれば分かるメディア対策があります。それは、敵が有利であるような、ドラゴンズにとっての「マイナス要素」の情報は絶対に流さないということです。

2009年シーズン、ドラゴンズは巨人の主砲アレックス・ラミレスに相当痛い目に遭わされました。彼が打った31本塁打のうち実に10本がドラゴンズ戦で放ったものでした。

普通ならば「次の対戦はラミレスを警戒したい」などとコメントするでしょう。しかし、ドラゴンズは決して「ラミレスを警戒する」などということは言っていなかったはずです。メディアはデータを引き合いに「ドラゴンズはラミレスに打たれすぎる」などと報道しますが、それでもドラゴンズサイドは「絶対に抑える」と強気の姿勢を崩さず、マイナスのことは言いません。その結果が、クライマックス・シリーズの第2ステージに表れました。巨人に敗れはしたものの、4試合を戦ってラミレスを17打数4安打の打率2割3分5厘に抑え、本塁打も1本にとどめたのです。

また同じく2009年は巨人のゴンザレス投手に対し0勝4敗と一度も勝てませんでしたが、「打てない」と悲観的なことはもちろんのこと「あのようなピッチングをされては勝てない」など褒めるようなことも一切言いませんでした。選手は「相手の投球がよかった」くらいのコメントは残すかもしれませんが、そのようなことですら監督はまず言いません。

逆の例を挙げると、ドラゴンズがシーズンを2位で終えた2007年のクライマックス・シリーズでは、巨人はシーズンで12本塁打を浴びているタイロン・ウッズを非常に警戒し、メディアにも「警戒している」というようなことを言っていた覚えがあります。しかし結局巨人は、第2ステージ第3戦の決勝打となる3ランを含めウッズに2本塁打を許す結果となり敗退します。

少しでもネガティブな発言をしようものならば、新聞や雑誌、テレビを通じてどれだけ誇大表現で報道されるかを落合監督はよく分かっているのでしょう。だからこそ、自分たちにとって不利なデータがあると分かれば強気な発言で「うちはそんなことは全く気にしない」という姿勢を見せ、逆に相手が弱気だと分かればそこを徹底的につけ込む。

私の知る限りでは、歴代のドラゴンズの監督、星野仙一さん、高木守道さん、山田久志さんも決して消極的なコメントをメディアに残さなかったと記憶しています。これは、ドラゴンズの伝統とも言えるのかもしれませんが、特に、落合監督になってからはそこが徹底されています。

監督とメディアとの付き合い方

コメントが少ないことからもお分かりいただけるように、落合監督はメディアに対し非常に厳しい対応をする監督です。

落合監督の番記者が大変だとは、野球界ではよく知られたことです。ゲーム後の代表質問は中日新聞の記者と決まっているし、年間通してその人間にしか質問を許さない。しかも、的外れなことを聞こうものならば落合監督の場合は何も喋《しゃべ》らずに帰ってしまうこともあるため他紙にも迷惑がかかる。しかも、それが幾度となく続いてしまえば翌年からドラゴンズの担当を外されてしまうこともあるため、担当者は毎日必死でしょう。

また、こんなシーンを目撃したことがあります。

これは他の11球団もそうだと思いますが、ドラゴンズの監督室にもスポーツ紙が全紙置かれています。そして落合監督はこれを毎日、隅々までチェックしています。相手チームの監督やコーチ、選手のコメントはもちろん、自分のチームのことになるとその眼はさらに鋭さを増します。

ある時、ある選手の怪我に関する憶測の記事が出ていました。ドラゴンズにとって不利な内容だったのですが、それを見たらしい落合監督はその記者に対し「お前のところは嘘《うそ》を書くのか?」と内容の説明を求めていました。他の監督ならば「これからはちゃんと書いてくれよ」程度で済むようなことでも、落合監督にかかれば真顔できつく怒られるのです。

実は私も最近では、ドラゴンズの選手に話しかけることを自重することが多くあります。というのも、こういった落合監督の姿勢を知っているため、私が選手と話しているところを落合監督に見られ、その後先ほどのような情報がメディアに出てしまえば、それが単なる談笑であっても、選手が疑われてしまう可能性があるからです。

このように、落合監督以下、現在のドラゴンズは非常にメディアに対してシビアなチームでしょう。もっといろいろなコメントを聞きたい、情報を知りたい、と思われるファンの方も多いでしょう。しかし、それ以上に落合監督をはじめとするチーム全員が必死だということをファンの方にも理解いただきたいと思います。

すべては「勝つため」。そのための、チームとしてのひとつの大きな戦略なのです。

前述したように、メディアを有効活用することによって他球団に「ドラゴンズは不気味だ」と思わせることができるし、実際のゲームでも優位な状態で臨むことができる。「あの試合のあの場面は本当のところどうだったんだろう?」と感じることも多々あるでしょうが、そう思わせられればドラゴンズとしてはしてやったり。目的を果たしたことになります。

付け加えるならば、ここまでメディアの対応を戦略とすることを、落合監督を中心にお話してきましたが、私の現役時代を通じて言えば、星野監督も高木監督もメディアを利用していた部分は大いにありました。口数が多い、少ないはあるにせよ核心までは離さない。新聞、雑誌、テレビを通じてドラゴンズの戦い方を分からせる、というようなことをよくやっていました。そうした姿勢は、選手たちもドラゴンズのやり方として自然と理解していきます。ドラゴンズの選手は口数が多い人は少ないというイメージがあると思いますが、それにはこのような背景もあるのです。

チーム情報を漏らさないという規律

ドラゴンズの監督がメディアに対して厳しいというお話をしてきましたが、周囲への対応ということで、選手にも徹底されていることもあります。それは、チーム情報を外へは絶対に漏らしてはいけない、ということです。

これも当たり前のことではありますが、ドラゴンズの徹底ぶりは他球団の比ではないでしょう。分かりやすい例が、選手の怪我の状態に関する情報です。

普通、選手が怪我や故障で二軍へ降格されたり、試合の途中で交代したりすると、数日後にはその理由が発表されます。新聞紙上などで「●●選手、足首の怪我で登録抹消。復帰は1カ月後か」というような報道を目にしたことはあるでしょう。

しかし、現在のドラゴンズはそういった情報を全く発表しません。

2010年シーズンを例にとれば、井端がそれを象徴しています。ドラゴンズにとって欠かせない選手である井端は、7月25日にこのシーズン3度目の登録抹消をされるとペナントレース最終戦まで一軍に上がることはありませんでした。その理由は「からだの不調」。どこが不調で、どんな状態なのか、復帰の目安はいつごろなのか、など何ひとつその情報は公表されませんでした。

新聞などの公示情報のなかでも、他球団は一軍登録・抹消の選手と併せて、その理由が掲載されますが、ドラゴンズはそれすら載せません。実はこれは、2004年に落合監督が就任した際にチームの方針として定められたことです。これまで述べたことと同じように、それらすべてを含めたうえでの勝負事であるため、どのような情報も不用意に漏らしてはいけない、という落合監督のメディアに対する戦略が大いに垣間見られる点です。

ちなみに、監督は星野さんになりますが私の現役時代も同じようなことを言われていました。

入団直後のこと、箝口令《かんこうれい》というほど大げさなものではないですが、星野監督からいくつかある注意事項のひとつとして、「チームの情報は絶対に外の人間に話してはいけない」「また、話していないとしても誤解を招くような行為も避けろ」と厳しく言われました。そのせいか、チームの情報を漏らすようなことがあれば、罰金などのペナルティだけでは済まないだろうな、という雰囲気が終始ありました。

ここまでを読むと、ドラゴンズというチームが非常に息苦しいチームのように感じる方もいるかもしれませんが、選手の立場としては決してそんなことはありませんでした。というのも、そんなことは「当たり前のこと」という感覚が選手にあったからです。選手自身が「勝つために、言っていいこと悪いこと」というのをしっかり意識している。そんなチームがドラゴンズと言えるでしょう。

「単なるAクラスではないAクラス」という先入観

「不気味」さを作り出す先入観の理由のひとつとして、落合監督のメディア対策をお話ししてきましたが、もうひとつ、ドラゴンズが長年積み上げてきた結果が先入観をつくり「不気味」さを生んでいる例をお話ししたいと思います。

それは「絶対に優勝争いに絡んでくる」という先入観です。

ドラゴンズは、現在9年連続でAクラスに入っている言わば、現在の12球団の中でもっとも安定した成績を残しているチームです。その証拠に、ドラゴンズのAクラスの回数を見ると、1981年から30年間で、セ・リーグでは巨人の26回に次ぐ21回。優勝回数こそ、1982年、1988年、1999年、2004年、2006年、そして2010年の6度。シーズン2位ながら日本一を果たした2007年を入れても7度で、巨人の12度と比べるとその数は見劣りしますが、Aクラスの回数はその他の4球団（阪神11回、ヤクルト11回、広島14回、横浜8回）と比べると圧倒的に多い数字です。

ただ、このドラゴンズのAクラスはほかのチームのAクラスとちょっと違う、と私は思っています。それは、ドラゴンズのAクラスは単なる「3位以上」というAクラスではなく、そのほとんどが優勝争いをしながらのAクラスであるということです。

巨人で何度も優勝を経験し、ドラゴンズでも活躍した川相昌弘さん（元中日ドラゴンズ二軍監督）はドラゴンズに移籍してきた時、ドラゴンズの優勝がほぼ10年に1回のペースでしかないことを聞いてびっくりしたそうです。川相さんはこう話していました。

「え？　あれだけ強いイメージがあるのにそれだけしか優勝してないの？って驚いたのが最初の率直な印象だった」（ちなみに、川相さんが移籍してから3回優勝）

いかに、ドラゴンズが優勝争いに加わっているかが分かる言葉だと思います。

歴史を紐解けば、それを象徴するシーズンは数多くあります。なかでも1994年は代表的な1年でしょう。

プロ野球ではいまだに事例のない、シーズン最終戦での同率首位チームによる優勝決定戦。当時の巨人・長嶋茂雄監督をして「国民的行事」と言わしめ、2010年、日本野球機構（NPB）の「監督、コーチ、選手が選ぶ最高の試合」というアンケートで堂々の1位になるほど幅広い年齢層の心に深く刻まれた試合「10・8決戦」が生まれたシーズンです。もちろん、先発投手としてこの試合に臨んだ私にとってもとても印象深いシーズンです。

この年、私たちドラゴンズは、巨人にマジック25が点灯した8月中旬から8連敗し、優勝は絶望的とされていましたが、8月下旬に直接対決で連勝しマジックを消滅させると、9月に入り怒濤《どとう》の快進撃。9月18日のヤクルト戦から9連勝し、同28日には巨人に勝って首位に並びました。その後も一進一退の戦いが両軍で繰り広げられ、一時は最大10・5ゲームという大差をつけられながらも、追いつき、とうとう同率で10月8日を迎えることとなったのです。

2年後の1996年もシーズン終盤まで優勝争いを展開しました。

この年は、ドラゴンズにしては珍しく開幕から好調を維持し、5月が終わった時点で首位でした。けれど、6月に10勝11敗、7月にも9勝10敗と2カ月連続で負け越しを喫し、首位の広島に4ゲームの差をつけられてしまいました。しかし、8月から調子を取り戻し、9月には1日から5連勝と再び勢いに乗りました。ところが、長嶋監督の名台詞である「メークドラマ」で勝ち続ける巨人の猛追はすさまじく瞬く間にライバルは広島から巨人に。9月24日から6連勝で中日もなんとか食い下がりましたが、巨人の優勝がかかった直接対決「10・6決戦」で敗れてしまい、またもや苦汁をなめさせられました。

これらのシーズンは、結果的に敗れはしたものの、ドラゴンズが終盤に優勝争いに食い込んでくることを強く印象づけるものでした。

クライマックス・シリーズが始まってからも「優勝争いに絡む」ドラゴンズのイメージはより強固になっていると思います。

2007年シーズンは首位巨人とデッドヒートを繰り広げ1・5ゲーム差の2位となりますが、クライマックス・シリーズではその巨人に勝ちリーグ優勝。2008年シーズンは、シーズンこそ1位の巨人に12ゲーム差をつけられ3位に甘んじますが、クライマックス・シリーズではシーズン2位の阪神に勝ち、巨人との第2ステージ（現・ファイナルステージ）では最終決戦まで駒を進めるなどあと一歩のところまで追いつめました。２００９年も最終的には12ゲーム離されての2位でしたが、8月には首位の巨人に1・5ゲーム差に詰め寄るなど、1位争いを演じていました。そしてご存知、２０１０年も、8月までは3位でしたが9月3日からの2位・巨人との直接対決で3連勝し順位を入れ替えると一気に首位の座に就き、一躍「混戦セ・リーグ」の主役となりました。

このように、ドラゴンズは毎年のようにどこかで優勝争いに加わっています。ただのAクラスではなく、優勝争いに加わるAクラス。シーズンのなかで一度は優勝のチャンスを摑《つか》みかけているのがドラゴンズのAクラスの特徴といっていいでしょう。

正直、すべてのチームに優勝の可能性があるパ・リーグと違い、近年のセ・リーグは上位チームと下位チームがすみ分けされた時代です。２００９年、ヤクルトが熾烈な3位争いの末、見事にクライマックス・シリーズに進出しましたが、戦いぶりや報道などを見ると、どうしても3位に入ることがシーズンの最終目標という気がしてなりません（ただドラゴンズは、そのヤクルトにどうも相性が悪いのですが、その理由は後述します）。

この「必ず優勝争いに絡んでくる」という事実こそが、「ドラゴンズ強し」という先入観を植え付け、シーズン終盤の「不気味」さを生んでいるのです。

ちなみに、なぜドラゴンズは毎年のように優勝争いに絡んでくるのでしょうか。第1章でお話しした通り、シーズン中盤から終盤にかけてコンディションを上げていくというシーズンプランが明確である、ということが大きな理由ですが、加えてもうひとつ他球団と違う点をご紹介しましょう。

それは監督やコーチ、選手の気持ちの強さです。ドラゴンズというチームは、全員が毎年「優勝できる」という強い自信を持ってシーズンを戦っています。Aクラスに入るのは当たり前。「とりあえず3位までに入れば」という考えは、当然のように誰一人持っていません。「何だ、当然だろう」と思う方もいるかと思いますが、こういった「優勝できる、Aクラスは当たり前」というチームの雰囲気は一朝一夕に出来上がるものではありません。

ドラゴンズから横浜ベイスターズに移籍、東北楽天ゴールデンイーグルスにも在籍し、横浜ではコーチも経験した中村武志現・中日バッテリーコーチの話はそれを如実に表しています。中村さん曰く「チームの雰囲気が全然違う」そうで、「まずはクライマックス・シリーズに出られる3位圏内を目指そうというチームと、優勝を目指そうというチームの雰囲気の差は選手や監督、そしてフロントすべてで感じた」というのです。

こんな話もあります。1997年に阪神からドラゴンズにトレードで移籍してきた関川浩一さんと久慈照嘉さん（現・阪神タイガース守備走塁コーチ）の話です。当時、それまでふたりが在籍した阪神は「万年Bクラス」といわれる弱小球団でした。そんな球団からトレードで移籍してきたふたりは、1998年シーズンが開幕し、ドラゴンズの主力として活躍していましたが、まだまだ先の長い5月あたりで巨人と首位争いをしていると「もう、ありえないです」と緊張しまくっていたというのです。

つまりドラゴンズの先入観、不気味さというのはこれまでの「中日ドラゴンズ」というチームを支え、勝ち続けるチームにしてきた先輩の方々による伝統力とも言えるのではないでしょうか。

第3章　中日ドラゴンズの監督力

～星野イズムと落合イズム～

熱血監督、星野仙一

これまでドラゴンズの指揮を執ってこられた方は延べ27人（代理監督を含む）。数々の名監督がチームを支えてきました。ドラゴンズ初の日本一の栄冠に導いた天知俊一さん、巨人のV10を阻止した与那嶺要さん、1982年に8年ぶりにセ・リーグ制覇を遂げた近藤貞雄さんなどいずれの方の存在なくしては、現在のドラゴンズはなかったといえるでしょう。

そんな中で、ドラゴンズ史上もっとも多くの勝利をドラゴンズにもたらしたのが、二度、指揮を執られた星野仙一さんです。私自身、現役時代もっとも長く指導してもらった監督です。そして、勝利数で次ぐのが現在の落合監督。

この二人は、ドラゴンズを語る上で欠かせない名将といえます。

星野監督は「燃える男」として一般的に知られ、なかでも「鉄拳」という言葉が真っ先に頭に浮かぶ人は多いでしょう。実際に私も、鉄拳制裁を何度か受けました。全員とは言わないまでも当時の若い選手のほとんどは星野さんの〝愛の鞭《むち》〟を経験しているのではないでしょうか。

その中でも、中村武志さんはそれを受ける代表格でした。投手出身の星野監督はチームのなかでもバッテリーには厳しく、特に捕手に対しての指導は容赦ありませんでした。中村さんが頭角を現してきたころに星野監督が就任したこともあり、毎日のように怒鳴られ、ときにはチームメートの前で鉄拳を浴びることもありました。そのような姿を見せられた投手陣のなかには、私も含め「本当は自分が打たれたのに申し訳ないな」と感じていた投手も多かったと思います。星野監督は、そういった心理をよく理解し、中村さんを怒っていたように思います。鉄拳のイメージが強い監督ですが、だからといって感情にまかせて怒っているのではなく、その影響がどういうものか、計算した上で行動する方でした。

少し話は逸《そ》れますが、星野監督のターゲットになってしまった中村さんの話を少ししましょう。中村さんがめげずに毎日マスクをかぶり続けられたのには、本人のとても前向きな性格がありました。まずへこたれない。私が入団して2、3年目は、どんなに怒られた日でも「今中行くぞ!」と毎日のように飲みに連れて行かれました。それも酒席で、怒った星野監督に対する愚痴を言うわけでもなく、ただお酒をがぶがぶ飲んでいるだけ。

面白いエピソードがあります。1991年のシーズンだったと思うのですが、シーズン100試合を過ぎたあたりで、中村さんが星野監督から突然、「今シーズンのゲームをまとめた野球ノートを明日出せ！」と言われたことがありました。けれど実は中村さん、全く書いていなかったのです。いや、もっと詳しく言うと書いていないどころか、ノートさえ用意していませんでした。今でも当たり前ですが、当時も選手、特に捕手は日々のデータをまとめておくことは慣例でした。

もちろん、そんなことが星野監督にばれたら鉄拳制裁どころでは済まされません。さすがの中村さんも慌てていました。しかし、やはり中村さんでした。まずは新品のノートを買い、スポーツ新聞のゲーム評と自分の記憶を頼りに一夜漬けで完成させてしまったのです。さらにおかしかったのは、「こんなに新品のノートだと怪しまれる」と、グラウンドの土で汚してから監督に提出したのです。その甲斐あって、無事に事なきを得たようでした。

星野監督は、こんな中村さんの性格を見抜いていたんだと思います。「叩いたら響く奴だ」ということを分かっていたのでしょう。だからこそ、毎日、厳しく怒り続けていたのだと感じています。

中村さんに限らず、当時の若い選手が星野監督の厳しい指導についていけたのは、どんなに怒鳴られてもまた試合に出してもらえるという期待感があったから、といえます。怒るということは、裏返せば「＝期待されている」または「＝またチャンスをもらえる」という表れ。実際、怒られっぱなしでもう使わない、二軍に行け、というようなことをしないのが星野監督でした。

星野監督が先頭に立って選手を怒るということは、チームにとってもプラスでした。それまで若い世代を指導してきたベテラン選手が妙に気を使わなくて済んだからです。毎日の練習や試合をダラダラやっていた人間は一人もいません。気を抜けば怒られる、ミスをすれば鉄拳が飛んでくる。はっきり言って恐怖心からなのですが、いい意味での緊張感がずっと続いていました。

特に第一次政権の星野監督は、本当に近寄りがたい雰囲気を醸し出していました。私もこの時の監督とまともに言葉を交わした記憶がありません。若い選手はみんなそうだったと思います。しかし、この第一次政権の5年間でドラゴンズの選手が目に見えて「戦う集団」へと変貌を遂げていったのは紛れもない事実です。

最〝恐〟「星野ミーティング」

星野監督の怖さは、今でこそ情熱として振り返ることができますが、それらは何も鉄拳や怒声などゲーム中に見られるものだけではありませんでした。むしろ選手、いやバッテリーにとって最も恐怖だったのは試合後のミーティングでした。

第一次政権の大きな特徴が、毎日ミーティングがあることでした。12球団でも、毎試合後ミーティングをする監督はほとんどいないのではないでしょうか。

そしてこのミーティングは、まずヘッドコーチが試合の総括も含めて話しをし、続いて投手、打撃、守備の担当コーチがそれぞれの分野に関わるプレーについて喋るというのが基本の流れ。しかし、我々選手たちにとって最大の関心事は星野監督がどのタイミングで話し出すかでした。その話し出すタイミングによって星野監督の怒りの度合いが分かるからです。

ミーティングの最初に星野監督が話を始めれば、怒ることがあるにせよ、すっきりと終わることが多かったのですが、最後の場合は本当に恐怖でした。はじめは静かに語りだすのですが、そのうちだんだん、だんだん監督の心に火がついてくるのか、何の脈絡もなく一気に大きな声でカミナリを落とすのです。いきなり大声で怒鳴り始めるものだから、その場にいた選手、コーチはビクッと瞬時に背筋が伸びる。大の大人が揃ってビクッとするのは外から見ればコントのような光景だったと今は思いますが、当時の私たちからすれば恐怖以外の何ものでもありませんでした。

ミーティングは基本、主力選手を中心に進めるものですがドラゴンズの場合は違いました。投手でいえば、登板しなかった私でも参加は義務付けられていますし、「お前はどうだ⁉」と質問されることもしばしばでした。監督を納得させられるだけの答えでなければ即座に、「若いピッチャーがふがいないのはお前がしっかりとしていないからじゃ！」と、いつの間にか怒りの矛先が私に向けられていることもありました。当時は、「俺に振られても分からないよ」と内心では思っていましたが、今にして思えばそれだけ集中していないとチームの連帯感も乱れてしまう、ということだったのでしょう。

星野ミーティングでついた考える力

ただ、このミーティングのおかげで非常によく野球を考えるようになりました。

自分がノックアウトされてしまった日などは、ベンチに下がった瞬間からゲームのおさらいです。「あの場面でフォアボールを出したから」「あのバッターへのインコースが甘かった」「あの回の投球テンポが悪かった」など、自分が思いつく限りの反省点を挙げてミーティングに臨むわけです。

それでも、ノックアウトされた試合の後ほど憂鬱《ゆううつ》なものはありませんでした。日によっては、どんなに投球内容が悪くても怒鳴られず拍子抜けすることもありましたが、ほとんどは自分が予想していた通り怒られました。そのなかでもノックアウトされ、かつ反省点や改善点を的確に監督へ伝えられないと、「終わったら監督室へ来い！」と言われました。これが一番怖かった（笑）。

実は星野監督は野手に対してミーティング後まで残すようなことはありませんでした。しかし、一方でバッテリーに対しては違ったのです。星野監督自身投手出身ですし、野球は投手だ、という考えがあったため、「バッテリー陣は残っておけ！」と言われることがほとんどでした。そのため、投手陣は本当に畏怖の念を抱きながらミーティングに参加していました。「バッテリーは残っておけ」と言われた後はもう、質問攻めです。投手と捕手一人ひとりが自分の考えをはっきりと言えなければ鉄拳が飛んでくることもしばしばでした。

このミーティングはホームゲームに限ったことではありません。アウェイで試合の時も、遠征先のホテルで同じように行っていました。一番大変だったのは、「あがり」の日でした。先発投手は投げた翌日など、試合に出る予定がない時はベンチ入りメンバーに入らない、「あがり」の日があります。その日は軽く練習した後、マッサージをしたり、先に帰って休んだり、というのが、一般的でしたが、当時のドラゴンズの場合は全員参加のミーティングがありますからそうはいきません。ホテルで待機しているのですが、巨人戦ならまだしもほかのチームとの試合はほとんどテレビ中継をしていません。当時は今のように携帯電話やCS放送もなく、試合がどうなっているのかも分からない。逐一状況を把握することができなかったため、監督たちがいつホテルに戻ってくるのかすら分からない状況でした。待っているだけでも大変なのに、その時間中「ミーティングではいったい、どんなことを聞かれるのだろう」という緊張感が高まっていくため、本当に気が気ではありませんでした。

それがシーズン中、毎日続いたわけですから、ドラゴンズのミーティングは他球団と比べると特殊といえば特殊だったかもしれません。確かに憂鬱な日も多かったわけですが、生え抜きの選手がほとんどを占めていた当時において、やはり全員が「これが当たり前なんだ」という感覚で臨んでいたのもまた事実です。もちろん、その日のコンディションによって結果を出せなかった日もありましたが、それでもグラウンドでは集中力を切らさずにいることができました。

星野監督のミーティングは怖かったですが、選手、特に当時の私のように若かった人間にとっては必要なことだったのだと感じています。

特例を作らない「星野流」

特別扱いをしない。星野監督はそういう監督でした。プロ野球の世界は実績のある選手から新人までいろいろな立場の選手が集まっています。そもそも、アマチュア時代はトップの選手だったのですから、プライドが高い選手も多いと思います。そんな中で「怒る」星野監督のもとチームが結束していたのは、若手でもベテランでも、もちろんコーチに対してでも特別扱いしなかったことが大きかったと思います。ベテランだから、実績があるからといって、怒ることなく自由にさせる監督もいるでしょう。しかし、星野監督は違いました。スタンドプレーは許さない。ひとりでも勝手な行動をすればチームが乱れてしまう。それを常に意識しながら指揮を執っていました。

それを象徴するシーンで、私が本当にびっくりしたことがありました。

それは、当時チームの中心選手で、球界でもナンバーワンの実績を持つ落合さんにすら、カミナリを落としたのです。三冠王3度という今も破られていない大記録を打ち立て、ドラゴンズに移籍してからも数々のタイトルを獲った大選手ですから、本人の性格がどうというより自然と落合さんに気を使ってしまう人が増えるのは当然です。それはコーチにしても例外ではなく、選手ほどではないもののどこか遠慮する気持ちはあったような気がします。

しかし、そんなことは星野監督にしてみればお構いなしでした。私が本当にびっくりしたそのシーンは1990年シーズンのミーティングでした。

この年の落合さんは大スランプに陥っており、それまでの芸術的な打撃な鳴りを潜め打てない日が続きました。そして、5月24日の巨人戦の2回、無死ランナー一塁の場面でなんと、セーフティーバントを試みたのです。これにはドラゴンズのチームメートのみならず巨人の選手も驚いたことでしょう。おそらく、その日のニュースや翌日の新聞でも「落合がバント」といった見出しが躍っていたかと思います。落合さんからすれば、苦肉の策だったのだと思います。自分の思うような打撃ができないのなら、せめてバントで走者を送りチームに貢献しよう、と。

いくら落合さんらしくないプレーだったとしても、チームプレーとしては称賛されるもの、そう思っていました。ところが、ゲーム後のミーティングで星野さんは落合さんを怒鳴りつけたのです。

「なんでバントなんかしたんだ！　バントさせるときは俺がサインを出す。勝手にやるな。4番なんだから4番らしい仕事をせぇ。罰金だ‼」

これは、先発投手陣に「先発なんだから完封せぇ！」と言っているようなものです。

「監督、なんて無茶な」と、絶句したことを今でも覚えています。

さらに、このプレーはミスとは言えないのに、バントしたことについて何ら言及しなかったコーチ陣に対しても怒っていました。「俺に言わせるな。なんで先にコーチであるお前たちが言わないんだ」と。

そういう意味でも、星野監督は筋が通った監督だったと思います。

怒っても、褒めない

星野監督はあまり褒めないところも特徴といえるでしょう。

バッターが猛打賞を記録しようが、投手が完封しようが、まったく褒めない。それどころか、その試合における課題を見つけ出し、それに対して怒る。私も完封した後でも「お前、なにあんなところでフォアボールを出しているんだ」「同じバッターに何度もヒットを打たれるんじゃない！」と厳しく指摘されたことをよく覚えています。

こんなこともありました。

あれは1996年でした。開幕間もない4月23日の神宮球場でのヤクルト戦で、私は

1対0で完封勝利を収めました。しかもその1点というのが、プロで打った唯一の私の本塁打でした。手前味噌な話ではありますが投打にわたりいい内容だったと感じていました。「さすがの監督も褒めてくれるだろう」と思っていました。しかし、その期待はもろくも崩れ去ります。

実は翌日、落合英二さんが先発し、こちらもまた完封勝利。英二さんにとってはプロ入り初完封でした。そしてその後、ホテルのエレベーターでたまたま星野監督と一緒になると言われたのが、「英二が完封してるのに、当たり前じゃ」でした。ちなみにこの時の監督賞の金額も、落合さんの方が上でした。ピッチングじゃなくて「俺の生涯1本のホームランを褒めてくれ」と冗談のように思ったものでした。

ただ、英二さんは長く怪我と戦ってきた苦労人ですから、星野監督としても何らかの形で褒めてあげたかったのだと思います。そういった人情は誰よりもある方ですから、それまでずっと先発として投げていた自分が怒られるのは当然だな、と後になって感じました。

特例を作らず褒めることもめったにない。星野監督はこのようなスタイルが一貫しており、それを私たち選手にも分かるように表現してくれたので、チームの誰も監督に対し不信感を持たず「ついていけば勝てる」と志を強くして戦っていけたのです。

「明治イズム」

ドラゴンズの根底にあるメンタリティ、そこにはひとつの考えが大きく影響を与えていると思います。それは「明治イズム」です。

ドラゴンズの歴史を紐解くと、明治大学出身者が多いことがよく分かります。２０１０年時点で明治大学からプロ入りした人数は１１０名余り。ドラゴンズには、古くはドラゴンズ史上初となる日本一に導いた天知俊一監督を筆頭に、伝家の宝刀・フォークボールを武器にエースとして活躍され、後に監督も務められた杉下茂さん、そして現在お話ししている星野監督と、その４分の１以上の30人が入団または在籍しています。その中でドラゴンズの監督を務めた方は７人。単純計算で１１４人を12球団で分割すると１球団あたり10人にも満たない数となりますから、どれだけドラゴンズに明治大学出身者が多いかはご理解いただけるでしょう。

私自身は明治大学の出身ではないため、「明治イズム」を直接体現していたわけではありません。それでも、チームにいればそれを感じることは多々ありました。

なかでも思い出す言葉は星野監督がよく仰っていました「なんとかせぇ！」です。ゲームの大事な局面でマウンドに上がれば「なんとかせぇ！」。連敗中のミーティングでも「なんとかせぇ！」。今ではすっかり星野監督の名文句であるこの言葉も、毎日のように飛んでいました。今思えば、なんという抽象的な言葉だ、と思いますが、事実こう言われて随分、奮起したことを思い出します。

そしてこの「なんとかせぇ」とは、明治大学硬式野球部監督を長らく務められた島岡吉郎さん（故人）の言葉なのです。「明治イズム」とはイコール「島岡イズム」と置き換えてもいいでしょう。この方の下で研鑽を積んだことが星野監督の後の野球人生に多大な影響を及ぼしたと言われています。

島岡イズムを私の分かる範囲で紹介すると、人間教育を非常に重視されていたと聞きます。「人が嫌がることを先頭に立ってやるのがキャプテン」と明治大学野球部のキャプテンはトイレ掃除が日課であったり、目上の人への礼儀なども厳しく躾《しつ》けられたようです。そして、グラウンドでは非常に強いメンタリティを選手に要求したようです。それが実現できなければ、鉄拳制裁も辞さない。そういう方だったようです。

明治イズムを浸透させた星野監督

星野監督は1987年から1991年までと、1996年から2001年までの2回、ドラゴンズの指揮を執っていますが、その1回目の時代、1980年代後半は現在のように論理的な練習、投手の分業制や球数制限、徹底したコンディションの維持などシステマティックな要素がまだまだ成長過程でした。ですから、シーズンを戦ううえで最終的に求められたのは、どうしてもメンタル面になってきます。チームにとって大事な時期になると、私を含めローテーションを任された投手は連投や中1日などは当たり前のようになっていましたし、どんなに疲労が溜まっていても高いパフォーマンスを求められたのは、どの球団も同じでした。

そんな中、この「明治イズム」が浸透していたドラゴンズはそういう点で一日の長があったのではないか、という気がします。

「明治イズム」をドラゴンズに浸透させるため、星野監督はコーチングスタッフに明治大学出身者を多く招聘《しょうへい》しました。池田英俊さん、加藤安雄さん、高橋三千丈さん、後に一枝修平さん、豊田誠佑さんなど、ドラゴンズOBではなくても、要職に起用されました。

首脳陣にこれだけのメンツが揃えばベンチも「明治色」で染められるのは言うまでもありません。

この「明治イズム」が選手間にも好影響をもたらしているな、と感じたのが、1999年にダイエーからドラゴンズへ移籍してきた明治大学OBでカットボールの名手と言われた武田一浩さんの存在でした。なぜかというと、前年に1年目ながら14勝を挙げ新人王に輝いた川上憲伸を叱咤できる先輩が誰もいなかったからです。

川上は真面目な性格ですし、武田さんがいなくてもしっかりやっていたかもしれません。しかし、武田さんにとって川上は大学の後輩であるし、「こいつを本当のエースにしたい」と感じたのでしょう。ことあるごとに川上を呼びつけ細かく指導していました。明治大学は「他の大学よりも上下関係が厳しい」という話を聞いたことがあります。先輩の言うことに絶対服従というわけではないでしょうが、川上も大学の先輩である武田さんだからこそ素直に物事を受け入れることができたのかもしれません。彼の代名詞でもあるカットボールも、ちょうどこの時期に覚えたものですし、私が見る限りでは武田さんが在籍していた1999年から2001年までの期間が一番いいボールを投げていたという印象を持っているくらいです。

星野監督がチームに植え付けた「明治イズム」は、高木監督に代わってからも受け継がれました。その象徴といえるのが、やはり1994年の巨人との「10・8決戦」といえるでしょう。優勝を絶望視されたなかであれほどまでの粘りを見せられたのは、選手一人ひとりに少なからず明治大学の精神が備わっていたからだと感じます。

今でこそ、選手が変わってきてこういった考え方は薄らいできました。時代が変われぱチームも変化していかなくてはならないのは当然のこと。とはいえ、星野監督が注入した「明治イズム」は、中日の伝統を語るうえで欠かすことのできないマインドであったと私は確信しています。

そして、新たに登場するのが落合監督です。落合監督は、明確な「自覚」と「考えること」という新たな精神をドラゴンズに浸透させようとしました。

落合監督の「計算」

お話ししてきた星野監督が情理的な監督だとすれば、と落合監督は合理的な監督だと言えるでしょう。そして私は、落合監督の凄さを「計算」と「観察力」に見ることができると思っています。まずは「計算」からお話ししていきましょう。

先発投手の豊富さや情報を巧みに操った戦術など、落合監督になってからのドラゴンズが以前にも増して「不気味」だと周りから言われるゆえんは、毎年、シーズンのプランをしっかりと立てて開幕に臨んでいるからに他ならないことは前の章でお話ししてきました。落合監督は、「この時期にこの位置にいれば優勝できる可能性は十分にある」という思惑、「計算」が事前にしっかりとあります。

2010年の投手陣の起用法は、それがぴたりとはまりました。

このシーズン、多士済々な先発陣をそろえるドラゴンズは、そのすべてをシーズン通して投入するのではなく吉見、チェン以外の投手を、一軍と二軍で入れ替えて起用する手法を取りました。そのため、本来なら投手陣にとって厳しい夏も、極端に言えばシーズン開幕時と同じようなコンディションで投入することができました。

この時期は阪神と巨人が首位争いを演じており、ドラゴンズはどちらかというと置き去りにされていた3位ではありましたが、落合監督は決して慌てていなかったはずです。優勝後の会見でも言っていましたが「ほかのチームは夏場に絶対にへばってくると思っていた」という言葉が、それを証明しています。結局、8月に阪神に3勝1敗、巨人には4勝2敗と勝ち越すことができたことが9月の快進撃へとつながりました。

私が落合監督に話を聞きに行くと、よく「次の3連戦でとればいいんだ」とか「あの3連戦がポイントだったな」と話してくれます。

そういった計算をもとに、第2章でお話ししたメディアを使った先入観を植え付けたり、投手起用を逆算したりする。これは、落合監督の真骨頂だと思います。そしてこういった計算というのは、落合監督の現役時代から発揮されていました。私がマウンドにいる時も、そんなことをよく感じさせられたものです。よく覚えている話があります。

あれは1991年9月1日の広島戦。この年のドラゴンズは広島と首位争いを繰り広げながらも、優位に立っていました。私は3日前の巨人戦で投げていたのですが、星野監督、コーチから「ベンチに入ってくれ」と頼まれたため、リリーフに備えてスタンバイしていました。試合は、3点差で劣勢。「登板はないかな」と思っていたところ、9回表に見事同点に追い付き、私もいよいよ登板かとブルペンでも気持ちを盛り上げていました。しかし、結局登板したのは当時のストッパー、森田幸一さんでした。残念ながら、森田さんが打たれてしまい、試合はサヨナラで負けてしまいました。

私はそそくさと帰りのバスに乗り込むとすぐ落合さんに呼ばれ、こう言われました。「何のためにお前はベンチに入ったんだ？　投げるためだろ。なんで9回に行かなかったんだ」。森田さんが登板したのは、その時、森田さんの登板間隔が開いており、本調子でないということもあったのかもしれません。私自身ベンチから「同点になったら行くぞ」と言われていましたが、結局投げることなくサヨナラ負け。落合さんが私を責めたのは、なぜ大事なゲームでベンチに入りながら自ら「投げさせてください」と志願しなかったのか、ということだったのだと思います。

結局広島は、この日の勝利を境に勢いに乗り優勝。ドラゴンズは2位に終わります。

落合さんはあの広島戦がシーズンの今後を占ううえで大事な試合で、勝たなければいけない試合ということを分かっていて、だからこそ、私を怒ったのです。今でも会えば苦笑される話なのですが、落合監督の「計算」がいかに的を射ているかを表す話でもあるでしょう。

「勝負は時の運」という言葉があるように、本来、勝敗はなかなか読むことができないというのが一般的な考えでしょう。理想と現実が、いい方向に進むこともあれば、悪いほうへ進んでしまうケースだってありえますし、そうなればチーム状況は悪化の一途をたどってしまう恐れもあります。しかし、プランや計算を立てる難しさがありながら、それを積極的に行っている落合監督はやはりさすがというほかないでしょう。

6番打者の重要性

落合監督が計算しているのは、何もシーズン通してのプランだけではありません。ゲームの流れもそのひとつです。特に打順。どのように打順を固定していれば効果的に点を取れるようになるのかという、打線にも常に目を光らせています。

プロ野球の試合をテレビなどで見ていると解説者が「今日のポイントはあの場面で彼がヒットを打ったから」と評論することは多々あります。しかし、それを落合監督の言葉にすれば「前の回で8番が塁に出たことでピッチャーまで打順が回った。その回は点が取れなかったが、次の回先頭打者から始まったのが大きかった。だからあのヒットが生まれたんだ」というニュアンスになります。これは仮定の話ですが、そのくらい落合監督は打順の巡り合わせをとてもよく考えているのです。

2010年シーズンの例を出してみましょう。ドラゴンズのキーマンとなる打順は6番でした。近年を振り返っても、ドラゴンズはこの打順だけはどうしても固定できずにいました。ですから、2010年に関しても、そこがうまく機能すれば打線は安泰のはずでした。それを見越して、このシーズン、落合監督は井端弘和にその役割を托したのです。それまで不動の1番として活躍した井端。機能していない1番打者ならともかく、軸となる働きをしていた選手の打順を変えるのは勇気がいることです。それでも落合監督はドラゴンズというチームにおいてどの打順がベストか、さまざまな計算をもとに出した答えでした。確かに井端は、得点圏打率が高く、広角にヒットも打てる。そしてゲームの展開を呼んでファウルで粘り球数を投げさせ、四球を選べるなどそのいやらしさは6番にぴったりのタイプともいえました。

2010年シーズン前。ドラゴンズのチーム状況を見ると、どうしても得点源を森野将彦とブランコ、そして和田一浩と、3、4、5番に頼るしかありません。そこで、それまで2番を打っていた荒木を1番にし、2番打者をそのときの調子と適性で決めていく。この1番から5番に加え、6番に井端が入ることで打線の切れ目がなくなることを落合監督は想定していたと思います。残念ながら、井端の不調と戦線離脱によってこの構想はこのシーズンほとんど見ることができませんでした。結局、このシーズンも、後半から荒木の打率と出塁率が上がってきたことでそこそこ打線につながりが生まれるようになったとはいえ、大事な場面で6番が流れを切ってしまうということが多々見られました。

現実的には、選手の怪我や思わぬアクシデントなどで監督の思惑通りに進むことはなかなかありません。それでも、結局6番打者を固定できずに得点力が上がらなかったことは、落合監督の計算が当たっていたこともまた示しています。

2004年キャンプで見えた落合監督が求めるもの

落合監督は選手にどういうことを求めているのでしょうか。

そのヒントはキャンプにあると思います。落合監督は非常に練習量が多いキャンプをすることで有名ですが、そのくらいキャンプを重視していると思います。

その真骨頂が、落合監督就任1年目のキャンプでした。

熱心なドラゴンズファンの方なら覚えているかもしれません。落合監督は、この年の春のキャンプの初日に、なんと紅白戦を行ったのです。これには私はもとより、驚かされた関係者は多かったはずです。チームが始動したばかりのキャンプ初日に試合をするというのは、前例を見ない試みだったからです。たいてい、就任1年目ともなれば、監督はじっくりと練習を見ながら自分の構想に合ったメンバーを構築していくものです。

しかし、落合監督は違いました。

しかもこの紅白戦は若手主体のゲームではありませんでした。エースの川上憲伸はじめ、川崎憲次郎や岩瀬仁紀、野口茂樹ら主力級の先発投手陣と、福留孝介や立浪和義さんなど前年のほとんどのレギュラーが出場する本格的なものだったのです。

これには伏線がありました。監督就任直後の２００３年の秋、落合監督は「キャンプインの日は過去の実績も選手としてのキャリアも関係ない。みんな横一線の激しい競争になる」と話し、「練習についてこれるかこれないか」以前に、「キャンプ初日に試合ができる状態にしてこい」という指令を間接的に下していたのです。

もちろんこれに合わせて調整していく選手たちは大変です。しかし、落合監督からすれば、練習よりも実戦で選手の動きを見たほうがプランを立てやすいと思ったのでしょう。

実際この紅白戦は実に有意義なものでした。選手全員が2月1日という異例の時期にシーズン同様のパフォーマンスを見せたのです。これには落合監督も、「レギュラークラスもうかうかしていられないという気持ちがあのような結果を生んだ。プロとしての意識が高い」と目じりを下げ手放しで喜んでいました。

この言動にもよく表れていますが、落合監督は「プロとしての自覚」を高いレベルで要求している監督といえます。このキャンプで見たかったのは選手の実力や仕上がりはもちろん、それ以上にプロ野球選手としての自覚だったのでしょう。「お前たちはこのキャンプが始まるまでに、試合ができる体を作ってこれるのか」――そんなメッセージが込められていたと思います。そしてそれが及第点であったからこそ、「今の戦力で10％底上げできれば優勝できる」という強気の発言へとつながっていったのでしょう。

結果的にこの年、就任1年目にして、セ・リーグ優勝を遂げ、このキャンプはさらに高く評価されるようになりましたが、仮に優勝できなかったとしてもこれは十分に素晴らしい提案だったと私は思います。

現役時代からあった「考える野球」

ゲームにおいても落合監督は選手に考えさせ、プレーヤーとしての自覚を持たせることに余念がありません。それを私は身をもって何度も体験しました。

落合さんがドラゴンズでプレーしていたころ、私の投げるゲームではよくマウンドに来てくれていました。テレビでもよく見かけるシーン。普通このような場面では、ベテラン選手は若手に対して的確なアドバイスをしてくれるもの。ましてや、主力であり、野球をよく知る落合さんですから私もそれを期待していました。

けれど、落合さんは違ったのです。

ある日の巨人戦のことです。私が連打を浴びて満塁となったところで、落合さんは「お前、なにやってんだよ」とつかつかとマウンドへ寄ってきました。打者は巨人のなかでもっともいやらしいタイプの川相昌弘さん。落合さんは私に「バッターボックスから離れているよな。分かるだろ？」と言い、ポジションに戻っていったのです。私はそこで、打席を離れているならバットが届かないアウトローへ投げるのが得策だと思い、そこへ投げました。すると狙いすましたようにスタンドまで放り込まれてしまったのです。

そして直後に、それ見たことか、と落合さんがやってきて、「バカ野郎！　インコースでよかったんだよ、今のは。あれはポーズ。本当はアウトローを狙っていたの」と怒られてしまったのです。そのときは、「そうなら、せめてゲーム中ぐらい答えを教えてくださいよ！」と思ったものでしたが、これも落合さんなりの考えさせ方、だと思っています。

そのほかにも「今のは良い点の取られ方だ」と褒めていただいたこともあります。5

点リードしたゲームの後半、相手の4番打者に犠牲フライを打たれて1点を返された時のことでした。その意味は、最少失点で食い止めたということでした。

このように、当時の私は周りからエースと呼ばれていたこともあり、落合さんからすれば「もっとエースらしい投球を自分で見つけろ」と、ゲーム中であろうとあえて答えを教えなかったのでしょう。

この落合さんの姿勢は監督となってからも変わっていません。2004年の紅白戦の例は非常に分かりやすいですが、今でも「このプレーはゲームにどう影響するのか」ということを常に選手に考えさせています。今現在、この「考える野球」はどの球団にも浸透してきてはいますが、落合監督率いるドラゴンズほどそれが明確にできつつある球団も少ないと感じます。

他を圧するレギュラーの練習量

「積み上げてきた練習量の差。ことしは暑い夏で、よそはへばってくるが（ドラゴンズは）鍛え上げている。7年間チームづくりをした、その結果が9月にうまく出た。このスタイルはこれからも続けていかないと」

2010年、セ・リーグを制した落合監督は優勝会見でそう話しました。

落合さんが監督に就任した2004年は、キャンプ初日での紅白戦を代表するように選手たちに自覚を持たせることからスタートしましたが、それと同時に、通常「4勤1休」という日程を覆し、休日をほとんど作らずに猛練習を課したことも特徴のひとつといえます。事実私は、現在の落合監督率いるドラゴンズの強さの秘密は何か？と聞かれれば、真っ先に「レギュラー陣の練習量」を挙げます。

私の時代は、どちらかというと「やらされている練習」だった面もあり、「ベテランになったら練習量が少なくなる」という感覚がありました。しかし、今は違います。レギュラーの選手たちは、若手やレギュラー予備軍と呼ばれる選手と同等、いやそれ以上の練習をしています。それゆえ、レギュラー陣はみんな非常に身体が強い選手ばかりです。荒木、森野、和田、谷繁元信、また2010年こそ離脱してしまいましたが井端、少し前なら立浪さんと、ドラゴンズのレギュラーは怪我で簡単に離脱、ということがほとんどありません。これは、まさに落合監督の指導による効果のひとつではないでしょうか。冒頭で紹介した優勝会見の時の言葉は、まさにそれを物語っています。

落合監督は就任1年目で「現有戦力の10％底上げ」を公約に掲げました。そしてこの方法はひとつしかありません。つまり、練習して鍛える、ということです。

またこの時、一軍と二軍を分けず「全員横一線」でスタートしました。それまでのレギュラー組には大いにプレッシャーをかけ、若手にはレギュラー取りのチャンスを与えたのです。そして過酷なキャンプが始まります。

先ほども少し触れましたが、当時ほとんどの球団が「3勤1休」か「4勤1休」のペースでキャンプをしていました。しかし、落合監督は「6勤1休」にします。これは、シーズンが「6勤1休」なのだから、キャンプもそうするべきだ、という発想からでした。また、練習時間も長くなり特守や特打も強制したのです。結局、この2004シーズンドラゴンズは優勝を果たします。

この結果は非常に大きな意味をもたらしたと思います。選手たち、特にレギュラーの選手たちは、練習の意味をよく理解できたのではないでしょうか。

実は落合監督は2010年シーズンからこの強制的な練習をなくし、選手の自主性に任せる方針に変えました。しかし、私が見てもレギュラークラスの選手で例年より練習量が落ちた選手はいません。

特に、ドラゴンズの誇る二遊間コンビ、荒木と井端は、互いにコンバートをされるということもありましたが、毎日のように若手と一緒にノックを受け、さらに練習後も特守を受けていました。

シーズンが始まってもその姿勢は変わりません。森野は疲労が溜まり体の動きが鈍る夏場に、少しでも打撃の調子が落ちたと思えば誰に言われるでもなく早出特打ちを行いました。和田にしても、足の故障がありながらもあれだけの成績を残せるということは、ベテランだからといって軽い調整だけに頼らずしっかりとトレーニングをしているからです。

それくらい、今のドラゴンズは特にレギュラー陣の練習量は圧倒的だと思います。

落合チルドレンの理解度

ただし、ただ単に打撃練習やノックを数多くこなしたとしても、首脳陣がその選手に求めることに直結する練習でなければ意味がありません。

ドラゴンズの選手の練習の特徴はここでも発揮されます。それは、選手個々が、自分は何を首脳陣にアピールすべきか、ということを理解していることです。

２０１０年シーズンで言えば、堂上直倫はその姿勢で実を結ぶことができた典型的な選手でしょう。守備の要である井端が戦線離脱し、代わりに起用された堂上にチームが求めているのは守備でした。それも、井端がするようなファインプレーやここ一番で投手を助けるようなプレーではありません。求めていたのはそんなことよりも、アウトにできる打球をしっかりアウトにすること。堂上はそれをしっかり理解し、何よりも基本的なプレーをしていました。若い選手なら派手なプレーをしたい、とも思うでしょうし思いっきりバットを振りたい、と思うでしょう。しかし、まずは守備、ということで堂上が残した結果は82試合に出場して失策が2という素晴らしい数字でした。堂上が自分の役割を理解し、その練習に時間を割いた賜物でしょう。

私は、この選手たちの理解は、落合監督の明確な起用スタンスがもたらしていると思います。落合監督は選手起用に関して、「ひとつでも秀でたものを持っていれば試合に出す」というスタンスをとっています。

実際、打撃ではまだまだレベルアップが必要なものの「守備だけなら井端クラス」と評価された岩崎達郎は2010年シーズン、キャリアハイの78試合に出場しました。さらに、これまた守備のスペシャリストである英智やバントがうまく複数のポジションを守れる強みをもつ小池正晃などは、非常に重用されています。先の岩崎の例でいえば、そうやって起用してもらえるうちに、打席機会も増え、サヨナラ本塁打を放つなどアピールできる機会が増えています。

こういった明確な基準があり、実際にそれに則って起用をしているため、選手たちはより一層自分の長所を磨こうと練習しますし、また首脳陣から「守備を求められている」と思えば、守備練習に力を入れることで出場機会を得ることができるのです。こうした、はっきりとした落合監督の起用スタンスこそ、選手たちの練習量や質を上げているといっても過言ではないでしょう。

「責任はオレが取る」という覚悟

落合監督は非情な監督だ、と言われることがあります。

しかし、私はそうは思いません。というのも、いま話してきたような明確な基準があるからです。もちろんそれは起用法だけではありません。例えば、落合監督の選手への評価も非常にはっきりしています。チームが求めているプレーをゲームでしっかりとできなければレギュラーにはなれない、ということです。自分が何のために、その守備、その打順に置かれているのか？　選手はまず、それを肝に銘じてゲームに臨まなければなりません。

落合監督から見て「できていない」と判断されれば、選手はどんな状況であろうと容赦なく代えられます。

2010年9月18日のヤクルト戦での野本圭のプレーが象徴的です。1対0とドラゴンズリードで迎えた4回、ヤクルトが走者・畠山和洋を三塁に進めた場面で飯原誉士がライトへフライを打ち上げると、捕球した野本は当然のようにバックホーム。しかし、その送球が大きく逸れて同点としてしまいました。しっかりとした送球をしても畠山の走塁がよくセーフになっていたかもしれませんが、落合監督からすれば、そのとき置かれているチームの状況を理解していない、と判断したのでしょう。このプレーの直後、野本は交代を命じられてしまいました。

このゲームは中日にとってとても大事な一戦でした。首位にいながら阪神、巨人との差はわずかで、この年唯一、負け越しているヤクルトだけになんとか勝ちたい。そういったムードがチーム全体に漂っていました。にもかかわらず、あのようなプレーをしたとなれば「緊張感が足りない」と思われても仕方がありません。

また、こんなこともありました。

２０１０年シーズンの阪神戦。三塁を守っている森野が、本来ならば三遊間を締めるべき打者の時に、三塁線寄りに守っており、案の定三遊間のゴロを捕り切れず出塁されてしまったのです。この時、落合監督は珍しく帽子を投げるような仕草をとって怒りを露わにしました。これがもし、三遊間を締めていて、三塁線を抜かれたのなら、怒られることはなかったでしょう。

つまり、一見厳しいように見える采配も、選手からすればその基準がブレないことで逆に非常にやりやすい環境だと思うのです。というのも、裏を返せば「選手たちが役割をしっかりと果たしてくれれば全責任は自分がとる」ということだからです。

このほかにも、オープン戦でバントを失敗した平田良介をあっさりと二軍へ落としたり、終盤から2番を任された大島洋平もしっかりと送ることができなければ代えられる。藤井にしてもこの年は何度も一軍と二軍を行ったり来たりしています。落合監督は「決められたことをしっかりとやらなければ試合には出られない」と、どの監督よりも方針がはっきりしているのだから、私からすればそれほどやりやすいことはないだろう、と思います。

事実、落合さんと一緒にプレーしていた現役時代はとてもやりやすかった。守備位置に関してだけ言えば、「自分たちが勝手に動いて点を取られれば個人が責任を負わなければならない。それではチームがひとつにまとまらないから、守備位置は逐一ベンチから指示を出してほしい。そのほうが選手も動きやすい」というようなことを、ミーティングではしきりに首脳陣にお願いしていました。こうした考えは、監督になった今も取り続けていると思います。

そしてそれは２００８年のホーム最終戦での落合監督のスピーチがそれを物語っています。この年、ドラゴンズはリーグ優勝からの日本一を目指していましたが、３位という結果に終わってしまいます。それを受け、落合監督はファンの前でこのように話しました。

「このような結果になり申し訳ありません。選手たちはよくやってくれました。すべての責任は私にあります」

目を潤ませ、心からファンに謝罪した姿は印象的でした。

一般社会でもそうだと思いますが、明確な基準を設けその範囲内でなら失敗しても、責任は俺がとる、という上司の下なら部下は非常に働きやすいのではないでしょうか。

落合監督の「観察力」

落合監督のもう一つの特徴は「観察」です。

落合監督は打撃の人だ、と思われがちですが、実はかなり守備にも目を光らせており、「一歩目が遅い」などとベンチでは頻繁に呟いているそうです。もちろん、ポジシヨニングにもうるさく、「少し右寄りに守っていれば十分に捕れる打球だった」というようなことも常々言っています。

言及こそしなかったものの、私から言わせれば、落合監督が珍しく暴言を吐いたとして退場したヤクルト戦の5回の藤井のプレーも、守備位置が甘かったように感じます。畠山のライト戦の打球を藤井がダイビングキャッチを試みましたが、グラブに当たった位置がフェアゾーンと判断され勝ち越しを許してしまいました。右打ちが比較的多い畠山の特性にかんがみれば、もう少しライン際に守っていてもよかったはず。結局、野本のプレーが藤井にも伝染してしまった、と思わざるを得ないでしょう。あのようなシビアなゲームでは、たった一歩の違いでも命取りになるのです。

そのほかにも挙げれば、9月9日の阪神戦もそうです。1点リードの9回2死走者なしから、藤川俊介に打たれた右中間への三塁打も、私から言わせれば予め防げたプレーだったと思っています。あの試合では大島がセンターを守っていたのですが、セオリーで言うなら、長打はないが足の速い藤川に対して守備位置が浅すぎました。あとワンアウト取ればゲームセットというあの場面で、長打がない藤川ならシングルヒットは0

K。最悪二塁打だとしても、三塁打にしてはいけないシーンでした。試合後、落合監督はこうコメントしています。

「あれを三塁打にされる場所に守っていたのが問題。教育が徹底していない」

このように非常によく選手を見ているのです。

これまで、ご紹介した話でも、その観察眼は納得いただけると思います。最後にもう一つ、落合監督の優れた観察眼を象徴する出来事をひとつ紹介します。

2010年4月27日の巨人戦でのこと。2回裏のドラゴンズの攻撃が始まる直前、落合監督は球審の森健次郎さんのところへ歩み寄り何かを告げると、森さんはグラウンドを後にしました。実は極度の体調不良だったのです。これにいち早く気づいた落合監督は、「ヘタしたらゲーム中に倒れていた。そうなればゲームが中止になっていたかもしれない。それを見てあげるのも俺らの仕事じゃないか」と試合後に話していましたが、これにはさすがに驚きました。審判の動きまでチェックしている監督など聞いたことがありません。きっと、試合前からのその異変に気づいていたのだと思いますが……。とにかく普通の人ならば気がつかないようなところをチェックし、常に広い視野で目を光らせているというのは間違いありません。落合博満という監督を表すひとつの好例といえるでしょう。

落合監督が掲げる「開幕戦は1／144」の意味

これまで落合監督になってからの強さを様々な観点から説明してきましたが、相手に先入観を与えることやチーム情報を漏らさないことなどから「不気味」と称されることについて補足すれば、開幕戦の戦い方もまた独特だと言えるでしょう。前の章にも少し触れましたが、もう少し詳しく見ていきましょう。

ファンのみならず球界全体が驚いたのは2004年でした。2000年のオフにヤクルトからFAで移籍しながら、右肩の故障もあり3年間まともに投球することができなかった川崎憲次郎をなんと開幕投手に指名したのです。

これでも驚きなのですが、さらに驚きなのはこれを開幕直前に決めたわけではなく2004年の年明けには落合監督から川崎へ直々に伝えていたらしいことです。この理由について監督は、「前年に決め手となる投手がいなかったから」と言っていましたが、チームを鼓舞する意味に加えて、移籍してからの実績はないもののヤクルトで長年エースとして活躍してきた川崎の奮起に賭けた部分もあったのでしょう。事実、前年にはエースの川上が故障もありほとんどエースとしての仕事ができなかったため、彼に期待をかけるのは危ない、と判断するのも無理はありません。

しかし、実戦登板から長らく遠ざかっているため満足のいく投球ができるはずもありません。開幕戦という独特の緊張感がある一戦となればなおさらのこと。結局、1回途中5失点という不本意な結果で終わってしまいました。

ところが、この起用がチームを鼓舞していたことは確かでした。川崎が降板してから嘘のように打線がつながり広島のエース・黒田博樹をノックアウト。8対6と見事な逆転勝利を収めたのです。

もし、落合監督が就任1年目でなかったらこのような采配はしていなかったかもしれませんが、「選手一人ひとりの力を10%底上げすれば」という構想のなかには川崎も含まれていたことになります。分け隔てなく選手の力量を見る落合監督ならではの粋な采配でした。かといって、仮にこの試合で川崎が好投して勝ち星を挙げたとしてもすぐにローテーションには入らなかったでしょう。3年間、実績のない選手をそのように使うことを、落合監督が計算に入れるはずもありません。

よく、「開幕戦は特別だ。1／144試合ではない」と言う監督さんがいますが、落合監督は「開幕戦は1／144」という意識を持っている数少ない監督です。

一般的には、開幕戦ではエースを登板させるのが当たり前であり、「この投手を軸に今年はローテーションを回す」という意思の表れなのですが、落合監督はあえてそれを避けました。先にも述べたように、シーズンを通してのプランを立てる監督のため、「エース同士による潰し合い」よりも「確実に1勝できる」ほうを取ったのでしょう。かねがね「開幕戦よりも開幕第3戦のほうが大事だ」という持論がある方ですから、この年も第3戦に川上をあて、彼は延長11回を2失点完投と見事に期待に応えたのです。

余談ですが、この年の川上は17勝を挙げ最多勝、沢村賞に輝くなど大活躍しました。彼自身、開幕戦の川崎起用について「なんでだよ」と不満に思ったかもしれません、ですが、その悔しさをばねにこのような素晴らしい成績を残すことができたということを思えば、落合監督の「チームを鼓舞する」という考えも至極納得できます。

開幕戦では、２００４年と似たような起用がもうひとつありました。

それは２００９年です。この年も２００４年同様、エースの川上がアトランタ・ブレーブスへ移籍したこともあり絶対的な軸となる先発投手が不在でしたが、開幕投手の候補は当然いました。それは、前年に先発、中継ぎとフル回転し10勝をマークした吉見です。メディアも「開幕は吉見で当確」などと報道していたことから、大方の予想では「まず吉見だろう」とされていました。

ところが、実際に開幕投手の白羽の矢を立てられたのは、3年目の浅尾でした。先発経験は1年目の5試合のみ。２００８年は中継ぎとして投げていただけに、本人も「自分も吉見だと思っていたので、最初は冗談だと思っていた」と驚いていたそうですが、これも落合監督から言わせれば「キャンプ、オープン戦を通じて誰が適任かは普通に見ればわかる」と平然と言うなど、あっさりと周囲を出し抜きました。

その浅尾は、横浜打線を8回1失点と監督の起用にしっかりと応え勝ち投手となりました。その後、2戦目は吉見、3戦目にはチェンと従来予定していた先発投手を登板させ3連勝と開幕ダッシュに成功しました。

落合監督が「開幕戦は1／144」という意味が分かるような気がします。投手に目を向ければ、先発の場合、誰だって初登板のゲームには勝ちたいもの。開幕戦でエース同士が投げ合うよりも、登板をスライドさせたほうが勝てる確率が高くなる。

開幕戦を特別とは思っていないことに対して素っ気なさを感じる人もいるでしょうが、落合ドラゴンズの強さを考えたとき、このような大胆な決断ができるからこそAクラスの常連になれるのだという見方もできるでしょう。

星野さんと違った「厳しさ」を持った高木監督

ドラゴンズを代表する監督として、星野さんと落合さんのふたりについてお話しさせていただきましたが、ここで私がお世話になった高木守道監督と、落合監督の前にドラゴンズを指揮した山田久志監督についてもご紹介します。このふたりも、現在のドラゴンズの礎をつくった監督です。

高木監督は、1986年に山内一弘監督に代わってシーズン途中から指揮を執っていましたが、私はまだ入団していなかったので、その年は実際にどのような指導をされていたのかは分かりません。ですが、1992年にふたたびドラゴンズの監督となりともに戦っていくうちに、星野監督とはまた別の意味で厳しい方だ、ということに気が付きました。

星野監督が情熱の男であるならば、高木監督は現実主義。それまでは、どちらかというと「やれ」と首脳陣に言われることに慣れていただけに、高木監督の選手に任せた指導方針は新鮮でした。特に主力選手に対しては、練習ペースや調整法など野球に関わるほとんどを任せてくれました。

とはいっても、ただ優しいだけの監督ではありません。選手主導の指導方針の裏には、「プロなんだからできて当たり前」という考えが高木監督には最初からありました。

自主性を重んじる、というのは一見やりやすいように思えますが、これは実は非常に厳しい姿勢だと思います。というのも前述したとおり、星野監督ならばミスをしていくら怒鳴られても、それが理由で使われなくなる、などということはありませんでした。しかし一方で、高木監督の場合、怒鳴られることはありませんが「プロのレベルのプレーができていない。練習し直して来い」とすぐにファームへ落とされてしまいます。そういった面では落合監督に似ている部分があるかもしれません。

だからこそ、選手個々の責任、自己管理、つまり「プロ選手」の資質を非常に問われる監督だったと思います。先ほど来から繰り返している、現在のドラゴンズの選手が、よく練習をし、自覚を持っているというのはこうした高木監督のチーム作りが下地にあったことも影響しているのではないでしょうか。

そういった厳しさの反面、監督という職業に就く方には珍しい性格の監督でもありました。自分のミスは正直に認め、誰であろうと「俺が悪かった」と謝ってくれる、そんな監督だったのです。

その象徴が１９９４年の「10・8決戦」でしょう。「勝ったチームが優勝」という大一番で、相手の巨人は先発の槙原寛己さんを筆頭に、斎藤雅樹さん、桑田真澄さんと「先発三本柱」を惜しげもなく投入してきたのに対して、ドラゴンズは先発の私が降板してから、佐藤秀樹さん、山田喜久夫、野中徹博さんと従来の継投策を取りました。当時、ドラゴンズには郭源治さんというストッパーや、19勝を挙げた山本昌さんら巨人にも負けない投手陣が控えていました。しかし、その投手たちを使うことなく敗れ、周囲からも「投手の差で負けた」と言われました。

高木監督は、言い訳をしませんでした。「うちも郭、山本昌の準備はできていた。向こうは先発投手をつぎ込んだがうちはそれをしなかった。私のミスです」と、試合後に潔く敗戦の弁を述べました。一番悔しいはずの監督がこのような言葉を試合後に言うことはなかなかできるものではありません。高木監督の器の大きさを感じた瞬間でした。

私自身も、高木監督との間でこんなエピソードがあります。

同じく1994年、いよいよ巨人とのゲーム差が縮まってきた9月22日の阪神戦。このゲームに私は先発しましたが、4回を投げたところで降雨ノーゲームとなってしまいました。数字には残りませんが球数もそれなりに投げていたので疲労はありました。しかし試合直後、コーチ陣がやってきたのです。顔色を見ると、どうもばつが悪そうにしている。「明日も投げろということか」とすぐに分かり、事実、そうでした。時期が時期ですから、指示に従いたかったのですが、1、2回ならともかく4回も投げたため「さすがに無理です。せめて何日か開けてください」とお願いしましたが、「ほかに投げられる投手がいないんだ。頼む」と頭を下げられてしまったため、それならば、と思い翻意しました。

そして次の日の広島戦。4回まで1失点で抑えていましたが、5回ツーアウトを取ったところで逆転本塁打を浴びてしまいました。するとそこでピッチャー交代が告げられました。自分で言うのもなんですが、滅多に怒らない私もさすがに怒りました。いくら逆転されたからといって、4回ツーアウトです。あとひとり、きちんと打ちとって終わらせてくれという思いでした。チームとしては連投を考慮してくれたつもりでしょうが、私にも先発としての責任があります。自分に勝ち負けがつく以前に、せめてその回だけはしっかりと投げ終わりたい。先発投手を経験した人間であれば誰だってそう思うはずです。

星野監督時代も怒りを露わにしたことがなかった私ですが、あのときだけはグラブをベンチに叩きつけました。もう、ゲームにも集中できずイライラしていたことを今でもはっきり覚えています。

当然、その姿を高木監督は見ていました。このゲームは結局、中日が再逆転して5対4でサヨナラ勝ちを収めました。後から聞いた話ですが、試合後、監督が泣いていたそうです。それを知った私は、本当に申し訳ない気持ちでいっぱいになりました。

もうひとつ、高木監督の懐の広さを感じたエピソードがあります。ある試合で、無死一塁の場面で私に打席が巡ってきました。セオリー通りだと当然、ここは送りバントです。しかし、何度見ても三塁コーチャーの徳武定祐さんからサインが出ない。「おかしいな」と思いながらも「出ていないのなら仕方がない」とそのまま打席に入り、結局、三振しました。

ところが、ベンチへ戻ると「なんでバントしないんだ」と怒られる。「いや、サインが出ていませんでした」と返しても「出した」の一点張り。いくら投手の自分でもあの場面でサインを見落とすはずがない、と他の選手に聞いてみると、やはり「出ていなかった」と言う。そのような押し問答がしばらく続き、「もういいや」とそのときは自分の非を認めたふりをしていましたが、どうしても納得がいきませんでした。

そんなふてくされた私の姿を高木監督が見ていたのでしょう。次の日、監督が私を呼び出し「昨日は悪かった。お前が言うとおりサインは出ていなかった」と素直に謝ってくれたのです。確かに、納得はしていなかったものの、野球界とは監督や首脳陣の言うことは絶対ですから仕方がないと思っていました。ましてや監督が選手に謝ることなんてない」と思っていただけに、「この方は星野監督とは違う意味ですごい人だな」と選手ながらに感心しました。

高木監督は1995年に、チーム低迷の責任をとりシーズン途中で退任してしまいましたが、自主性により、選手個々の意識を高めたり、「10・8決戦」に象徴される激闘を演出するなど、ドラゴンズの歴史においても大きな功績を残された監督だと思います。

「ドームドラゴンズ」の礎を作った山田監督

この20年のドラゴンズの歴史を振り返ったとき、指揮官だけでいえば一番苦労したのは2002年、2003年の2年間、監督を務めた山田久志さんだったと思います。

山田監督は第二次星野政権のときからドラゴンズでコーチを務めていたことから、チームのことを深く知っていたでしょうが、生え抜き監督が多かったドラゴンズにとっては異色の人事であったと言えるでしょう。

私の話をすると、山田監督就任が決まった2001年で現役を引退しています。それまでの4年間、肩の怪我により登板はわずか36試合、4勝しかしていませんでしたが、投げるボールにはある程度の手応えをつかんでいました。ですから、2002年シーズンこそは、という思いでいた矢先の戦力外通告でした。

星野監督の辞任が決まり、その翌日に球団に呼び出されました。言われたことは、「引退試合を考えている」でした。と急に言われて愕然《がくぜん》としました。

そんな経緯もあり、山田監督時代のドラゴンズの試合を取材に行くこともあまりありませんでしたが、今振り返るとこのナゴヤドームでの守備野球の基礎は山田監督時代にさらに強固になったのではないか、と思います。

最たるものは福留孝介の覚醒でしょう。大型ルーキーとして期待されながら星野監督時代はあまり目立った活躍ができませんでしたが、山田監督が呼んだ佐々木恭介コーチとの二人三脚で徐々に打撃に目覚め、2002年には3割4分3厘の高打率を残し首位打者に輝きました。内野の守備に難のあった福留を、その脚力を活かせるとして外野に本格的にコンバートしたのも山田監督です。

そのほかにも、井端を辛抱強く起用し続け、また脚の速い荒木をセンターで使うなど、広いナゴヤドームで勝つためのチーム作りに尽力されました。生え抜きではない監督としていろいろな苦労もあったように思いますが、それでも2002年は3位、2003年には2位とAクラスを維持できたのはさすがでした。

山田監督の苦悩があったからこそ、翌年以降のドラゴンズがあるのだと私は信じています。

ここまで、星野監督、落合監督を中心に近年のドラゴンズを作り上げた監督をご紹介してきました。いろいろな個性をもたれた監督たちでしたが、いずれも「勝つ、優勝する」という目標が非常に明確な方々でした。カタチは変われど、それが厳しさを生み、そして強い選手を作り上げていったと思います。

ここでも言えることは、ドラゴンズというチームは「優勝する」という目標に対して、監督以下、選手全員が非常に意識の高いチームであることです。

第4章　中日ドラゴンズの伝統力

～なぜ、投手力が強いのか～

ドラゴンズの伝統「投手力」と2010年

強いチームは、投手力がある。誰もが知っている「当たり前のこと」です。私自身も野球はまず投手だ、と思っています。

そしてドラゴンズの伝統として、常に非常に強固な投手力を持ったチームであることが挙げられます。セ・リーグを制覇した2010年シーズンもその優勝の要因といえば、誰もが投手力を挙げるでしょう。シーズン防御率3・29は12球団のなかで断トツでした。まずは2010年シーズンを例に、ドラゴンズの投手力について紹介したいと思います。

2010年シーズンのドラゴンズは大胆かつ緻密《めんみつ》なローテーションを構築しました。これができるのは、今の12球団のなかではおそらくドラゴンズだけでしょう。その内容は後述するとして一般的なローテーションの組み方と、その問題点を見てみましょう。

まず、どのチームにも先発投手「候補」は10人前後はいるでしょう。しかし、その人数を1年間有効活用できているかといったら、残念ながらできていないのが実情です。もちろん、思うような結果を出せない、まだまだ力が足りない、ということも含めてです。

2010年でいうならば、巨人は東野峻、内海哲也、藤井秀悟、ゴンザレス、オビスポ、グライシンガーと素晴らしい先発投手を抱えながらも、内海が開幕からつまずき、順調に勝ち星を重ねていた東野が不振に陥ると投手陣の立て直しが利かず、首位の座からズルズルと後退してしまいました。

ヤクルトにしても、石川雅規、館山昌平、村中恭兵、由規と球界を代表する先発投手を持ち、万全のローテーション体制を取っていました。しかし、ふたを開ければ序盤は石川、館山があまりに大きく出遅れたため開幕ダッシュに失敗、後半に大きく響きました。4投手が機能し始めた夏場以降、盛り返したため「前半にもう少し勝てていたら……」と思ったヤクルトファンの方は多いのではないでしょうか。

何が言いたいかというと、シーズンを長期的に考えた場合、先発ローテーションを固定してしまうのは意外に怖いものだ、ということです。現実的に、ローテーション投手すべてがシーズンを通して調子がいいということはほとんどあり得ないのですから。ただ、一度組んだローテーションを作り直す、というのは非常に困難が伴う作業。ですから、決まった投手でローテーションを組むことは、理想ではありますが、一方で現実的には非常にリスクを伴うのです。

そういう点で、2010年シーズンのドラゴンズは理想的なローテーションを組んだのです。

それはどんなものかというと、まず「この投手だけは外せない」という決まった投手を2、3人、そしてそこから年間を通して投げられなくても先発として力を発揮できる投手5、6人ほどを待機させる、というものです。

2010年シーズン、外せないふたりは吉見とチェンでした。吉見は怪我でローテーションを外れることもありましたが、チェンは1年間それを守り、ふたりとも2ケタ勝利を挙げました。そして、残りの5、6人は前年ローテーションを守り活躍した小笠原孝、川井雄太、朝倉健太、そして実績のある山本昌さん、中田賢一や山井大介、そして若手の伊藤準規らがその候補だったと思います。

実際、前年活躍した3人、小笠原、川井、朝倉の調子が上がらないと判断するとすぐファームへ落とし、代わりに中田と山井を先発投手陣に組み込みます。ふたりは安定した活躍をし、夏場に向かうにつれ投手陣は安定しました。

さらには、吉見、チェン、中田、山井で先発を固定できると判断した夏場になると、その後の戦いも見越した起用もできるようになります。6月にリリーフとして2度登板しただけの2年目投手、岩田慎司を7月19日にプロ初の先発マウンドに上げ、二軍では中継ぎの経験がほとんどのネルソンを翌日の先発に指名し、2人とも勝ち投手となります。しかもこの勝利は、16日の山井、17日の中田、18日のチェンから続くプロ野球記録「5試合連続完封勝利」を演出する貴重な白星でした。

このようにドラゴンズは、非常に現実的なローテーションをシーズン通して組んでいます。もちろん、これにはそれだけの質をもった投手が揃っていることが前提ですが、何より、二軍にいても声がかかればいつでも結果を出せるようなコンディション作りをさせていることも非常に大きいと思います。投手陣もそれを理解し、いつか必要な時のために、ときちんと調整しているのです。

良い例が、プロ初先発初勝利を挙げた岩田慎司でしょう。一軍に登録すると即先発し、勝利。しかし、またすぐに登録抹消にしました。通常であれば、いくら一軍経験が乏しい若手とはいえ快投を見せられたらしばらくは先発として起用したいものだし、実際にそのようにする例はよくあること。それでも躊躇なく二軍へ落とせるということは、岩田と同等、もしくはそれ以上のコンディションの投手がいるということです。

２０１０年の山本昌さんもそうでした。「夏までには必ず一軍のマウンドに上がる」と二軍ではすべての休日を返上し、今年で45歳になる大ベテランにもかかわらず二軍の練習場であるナゴヤ球場でトレーニングを続けると、公言通り8月に一軍昇格。8月7日の阪神戦で23年連続となる勝利を収め、９月４日の巨人戦では史上最年長の完封勝利を演じるなど、ドラゴンズ先発投手陣の貴重な戦力となりました。

ドラゴンズは、開幕ローテーションを組んだ投手がなかなか結果が出なくても別の投手がポッと出てきて活躍する、というイメージがあると思います。これはドラゴンズがいかに現実的なシーズンプランで投手を起用しているか、「もともとすべての投手が期待通りにうまくいくわけではない」ということを理解し、それに備えているか、ということの表れでもありました。

「5勝」投手論

これは、結果にも如実に表れています。ドラゴンズの投手成績に注目してもらいたいのですが、先発ではきっと2桁投手がふたり、そして5～7勝の投手が非常に多いのがお分かりいただけるのではないでしょうか。

2010年シーズンでいえば、山井と中田が7勝、山本昌さんが5勝、さらにはネルソンが4勝です。こうして、シーズンの中で調子を見極めて起用していけるのが強みでしょう。

若い投手のなかには、もしかしたら「なんでいいピッチングをしているのに二軍に落とされないといけないんだ」と怪訝に思っている選手もいるかもしれません。しかし、今のドラゴンズというチームは先発投手の勝ち星よりも優勝を最優先にしたプランをはっきりと打ち立てている。だから、登板過多だと判断すれば休養の意味も込めてファームに落とす場合もなかにはあるでしょうし、岩田のように再調整という形で登板間隔を開けさせるケースもあるでしょう。春先以降、一軍の先発マウンドに立っていない小笠原、朝倉、川井にしても、「使えないから」という理由で上げないのではなく、まだ万全なコンディションではないと判断されてのことなのです。

結局、現在のドラゴンズに必要な先発は「10勝できる投手」ではなく、盤石な中継ぎ投手陣までスムーズに繋げられる「ゲームを作れる投手」となります。だから、勝ち星でいえば軸となる先発投手以外は「5、6勝してくれれば」という計算をしているに違いありません。

このように、ドラゴンズの投手は、個々の力もそうですが、たがいに補い合いながらシーズンを乗り切ることができます。私は、2010年シーズンのドラゴンズ優勝の立役者は何と言っても高橋聡文、浅尾拓也、岩瀬仁紀の3人をはじめとしたリリーフ陣だと思っていますが、そういった先発とリリーフの補完体制を見ても、先の先発投手のローテーションをみても、ドラゴンズの投手力というのは、まさに投手「陣」なのです。この投手「陣」が強固に形成されていることこそ最大の強みだと思っています。

投手「陣」の中心、岩瀬仁紀

その投手「陣」の中心にいるのが、今でいえば岩瀬でしょう。

ドラゴンズの武器、強固な投手「陣」はこの岩瀬がもたらしたもの、といっても過言ではありません。

まずは簡単に岩瀬の紹介をしておきましょう。岩瀬は1999年にドラゴンズに入団し、その年から中継ぎとして重要なポジションを任されていました。1年目は実に65試合に登板し、10勝2敗、防御率1・57と堂々たる活躍をすると、2004年からは抑えに転向し2005年から6年連続で30セーブ以上を記録します。2010年には250セーブを達成するなど日本球界ナンバーワンと言ってもいいストッパーになりました。

彼のすごいところは、毎年50試合以上を投げる鉄腕ぶりもそうですが、何より試合に臨むメンタリティです。まだ覚えている方も多いでしょうが、2007年の日本シリーズは、まさにそれを証明してくれました。

北海道日本ハムとのシリーズ第5戦。8回まで完全試合を続けていた山井を落合監督はスパッと代え守護神の岩瀬をマウンドへ送りました。賛否両論渦巻く采配でしたが、いずれにせよ、落合監督がこの決断を下すことができた裏に、岩瀬への絶大なる信頼感があったことは明白です。そして何より、日本一というプレッシャーだけでなく、プロ野球史上初のシリーズ完全試合のバトンを継いだという重圧の中、3人できっちりと抑えた岩瀬のメンタリティは尋常ではないでしょう。

しかし、岩瀬のこのメンタルの強さはもともと備わっていたものだけとは、私は思いません。

岩瀬が入団して1年目、正直なところ私は、投手としては性格がどこか弱いような印象を受けました。口数は多くなく、まさか現在発揮しているようなメンタリティを持ちあわせているとは思えませんでした。ただ、岩瀬がブルペンで投げているとき、滅多に投手を褒めることのない星野監督がしきりに私に「こいつは本当にいいボール放るぞ」と話していたのだけは覚えています。星野監督が言うのだから「それほどまで岩瀬はすごいのか」とその実力は理解していました。

ルーキーイヤーに与えられた岩瀬のポジションは中継ぎでした。私は、この時期にこそ、岩瀬の強いメンタルを作り出した原点がある、と思っています。

あくまで私見ですが、ドラゴンズ史上最強の「勝利の方程式」はこの年の岩瀬に加え、正津英志、落合英二さん、サムソン・リー、宣銅烈さんのリリーフ陣だったと今でも思っています。当時2年目の正津以外だと、落合さんは入団してから右ひじの故障と戦い続けてようやく中継ぎのポジションを不動のものとした苦労人であるし、サムソンや宣さんも期待されながら1年目は全く活躍できず、韓国球界へ戻ることを自ら踏みとどまりリベンジを誓っていました。そのため、とにかくメンタル面が強かったし、外国人、日本人の垣根を越えて若い投手に至らないところがあれば厳しく指導する面々でした。もちろん、この偉大な先輩たちとの競争もありました。

岩瀬は新人のころからそのような環境でもまれたのです。しかも、ルーキーだからといって敗戦処理ではなく勝ちゲームでマウンドに上がるケースがほとんどでした。ときには左打者へのワンポイント。またあるときには絶体絶命のピンチ。様々な場面で投げること65試合。以後4年間で3度の最優秀中継ぎ投手になります。

このころから、それまであまり脚光を浴びることのなかった、「抑え」の前を投げる中継ぎ投手がクローズアップされるようになってきました。そのなかにおいて岩瀬は、セットアッパー草創期の申し子といっても大げさではないでしょう。

このように、厳しいリリーフ投手陣と痺れるような場面での登板という経験を通じて岩瀬は強いメンタルを手に入れたのでしょう。守護神となった現在、彼の技術、メンタルは抜きんでています。

それにしても、このように中継ぎから抑えに転向する投手は、メンタルが非常にタフになるようです。岩瀬以外だと、阪神の藤川球児やジェフ・ウィリアムスもその代表格といえるでしょう。２００３年の優勝時にはまだまだ半人前だった藤川球児は、２００４年から本格的に中継ぎとなり、２００５年には当時のプロ野球記録である80試合に登板。優勝争いを繰り広げるチームにおいて数々の厳しい場面を乗り越えて２００６年のシーズン途中から守護神に抜擢されます。それからの活躍は語るまでもないでしょう。

強い岩瀬が作る強い投手「陣」

岩瀬は、そういった経験から日々の練習で手を抜くことはありません。

その姿勢が、ほかの投手たちに影響を与えないわけはありません。特別なことをしているわけではない。しかし、岩瀬の野球に対する取り組み方、ゲームでの投球を見ていれば監督のみならず、誰だって信頼を寄せたくなります。その証拠に岩瀬に直接バトンを渡すことが多い浅尾はランナーを残した状態で交代をすると必ずといっていいほど、「岩瀬さんに迷惑をかけた」と話します。また、高橋、浅尾の活躍は、2010年シーズンの後半、本調子ではなかった岩瀬をすこしでも「楽な展開で投げさせたい」という強い気持ちが生んだものだともいえます。

高橋にしても、浅尾にしても非常に高い能力をもった投手です。しかし、そういった単純な個々の投手の能力ではなく、彼らのコメントに代表されるような、投手がきちんと投手「陣」になっていることがドラゴンズのピッチングスタッフの強みなのです。経験豊富な生え抜きの岩瀬を起点に、ドラゴンズの投手は強く太いロープで結ばれています。先発、中継ぎ関係なく、「岩瀬さんまで回せば絶対に勝てる」という自信が投手全員に浸透しているのです。

2010年にはそれを象徴するような試合がありました。9月9日の阪神との首位攻防戦です。この試合、2対1とドラゴンズが1点のリードを保ったまま、高橋、浅尾の盤石リレーで9回1死の場面で岩瀬がマウンドに上がりました。いつもの勝ちパターンでしたが、2死としたところで藤川に三塁打を打たれ、続く代打の桧山進次郎さんに同点タイムリーを打たれてしまいました。しかし、この後がドラゴンズの真骨頂でした。絶対の守護神・岩瀬が投げた試合を負けにはしない、と小林正人、鈴木義広、清水昭信が延長12回まで猛虎打線を無失点に抑え、引き分けまで持っていくことができたのです。

打撃が1本の線で繋がれ「打線」となるように、投手だって個人の能力で9回を抑えていけるほど甘くはありません。投手は「回す」という言葉を象徴するように、全員で円陣を組まなければ勝てない。〝岩瀬仁紀〟という大きな存在がチームワークを生み、大きな「投手陣」という円陣を形成していること。これがドラゴンズの投手力の秘密だといえます。

投手「陣」を強固にする自主トレ

それともうひとつ。ドラゴンズの投手力の強さを裏付ける理由として、自主トレをはじめとする投手陣の連帯感も挙げられます。これもドラゴンズの良き伝統だといえるでしょう。

自主トレといえば、私も現役時代、入団して1、2年目こそ強制的に若手投手大勢で静岡県の愛鷹というところでトレーニングをした経験がありますが、それなりに実績が伴ってくると、大先輩の小松辰雄さんなどから、「今度はお前が若い選手を連れていけ」と教えられました。そうやって、ある程度実績を作った投手が、若い投手を率先して引っ張っていく、同じ環境に置いてやる、ということが昔からドラゴンズの投手陣にはありましたし、私自身も先輩たちとの自主トレでいろいろなことを学びました。

まあ、私の場合あまり「俺についてこい」というようなことは言わず、目についた若手選手に、「もし、誰かと行く予定がなければ一緒にどう?」という具合に声をかける程度でしたし、自主トレ中もああしろ、こうしろと細かく言うタイプではありませんでしたが、こうやって後輩を連れ立っていくことはさらに下の世代にも受け継がれていきます。

私の下の世代だと川上憲伸もこうした意識を強く持っていました。あくまで自主トレは個人ベースの練習ですから、他の選手が具体的にどのようなスタイルで行っていたのか細かいところまでは分かりませんが、川上も精力的に後輩投手を連れ立ってグアムで自主トレを行っていました。

ドラゴンズの主力投手はこの川上のようにしっかりと自覚を持ってトレーニングに臨んでいる選手が多いのです。強制的に何かを教えることはしなくても、自分がしていることを若い投手に直に見せればきっと何かを吸収する効果も出てくるはずです。

入団1年目の川上は山本昌さんや私を見ていたと思います。その川上は、同じように下の世代に自分の姿を見せる。その姿を知るさらに下の世代も、また同じです。現在では、朝倉や中田も若い投手を連れて、投手としての自覚を自身の行動で教えていく——私の知る限りでは、主力投手のほとんどが投手陣でまとまって自主トレを行っています。これは非常にいいことだと思います。やはり長く同じ釜の飯を食べれば、その人が何を考えているか、より把握することができますし、ゲームでも「お世話になっているからなんとか手助けしてあげたい」と自然に思えるようになる。そのような意識の選手が増えれば当然、チームとしての結果もついてくる。ドラゴンズの投手「陣」の強さはこのようなところにも表れているのでしょう。

一方で多少苦言を呈すならば、残念なのは若手の野手です。自主トレからまとまりのある投手と違い、高校、大学の先輩、後輩という関係など様々な理由から他球団の選手とともに自主トレをする選手が多くいます。もちろん、そこで実りある何かを吸収してくればいいのですが、あまりそのような成果を聞いたことがありません。であれば、チーム内の先輩から学んだほうがチームワークにも繋がるし効果的なのではないか……と思えてならないのです。

投手陣を高める「競争」

いずれにせよ、こういった投手陣の伝統こそ、ドラゴンズの投手力の源だと私は思います。そしてまた、この中にある競争がそれをより一層高めています。投手陣の連帯が強いドラゴンズですが、やはり、プロ野球である以上、グラウンドには厳しい競争があります。

中継ぎ陣を例にとれば分かりますが、高橋、浅尾だけではなく、ほかにも清水、鈴木、小林、平井正史、河原純一とその層は他を圧倒しています。もちろん私が見る限りでも、ファームにも若く伸び盛りの選手が大勢います。こうした厚い層の中で、無駄な四球を出したり少しでも疲れを見せようものならば、すぐ別の投手にそのポジションを奪われてしまいます。ましてや、落合監督は新しい選手を一軍で「試して、見る」ことを信条としていますから、うかうかしていられません。

これに刺激を受けない投手はいないでしょう。

ですから、高橋や浅尾を中心とした中継ぎ投手陣であっても、「今日の登板はないだろう」と思って待機している人間はひとりもいません。先に挙げた9月9日の阪神戦然り、いつどのような場面で呼ばれてもしっかりとしたパフォーマンスを見せることができる準備をしていなければならない。ドラゴンズの投手陣の競争はよい緊張感をもたらし、相乗効果を発揮していると言えます。

「新人扱い」をしない

このような競争は、すべての投手に当てはまります。

再三繰り返しますが、特に落合監督は「秀でたものがあれば使う」「良ければ使う」という考えをもっていますので、それが例えばルーキーであっても関係ありません。

こうした明確な起用法は、さらに競争を生んでいます。

さて、ドラゴンズの特徴として「ルーキーでも新人扱いはしない」ということが挙げられます。

これは私が現役時代の時からそうでしたが、顕著になった２００４年の落合監督体制を例に見ていきましょう。落合監督は春のキャンプではまず、新人選手全員を一軍の練習に参加させます。通常ならば、ドラフト１位やよほどの有望選手でない限り無条件で二軍スタートとなりますが、落合監督は「自分が見て一軍か二軍か判断する」というポリシーを持っているからです。

シーズンでも新人を一軍の試合に抜擢するケースは珍しくありません。２００４年から２００９年まで47名（育成枠除く）の新人が入団しましたが、そのうちの６割以上の29名が1年目から一軍登録されています。さらに3年以内で区切れば、その数字は飛躍的に上がります。

落合監督体制だけでなく、過去30年を遡《さかのぼ》ってもこの傾向は確かです。30年で２１６名の指名選手（ドラフト外、育成枠を除く）のなかでルーキーイヤーに一軍デビューを飾っている選手は、実に半分近い104名。他球団と比べても多いほうだといえるでしょう。

このような、新人もベテランも関係なく「良ければ戦力」という考え方がドラゴンズにははっきりとあります。

私自身も高校を卒業して1年目から一軍で投げさせてもらいました。1年目の春季キャンプで「しばらくは体力づくりだ」とコーチから言われたことから、ブルペンすらほとんど入らずベテランの投手たちに混じってずっとランニングばかりをしていました。シーズンは当然のように二軍スタートでしたが、ファームのゲームでも出れば打たれる。そんな日が続いていました。そんな状況でしたから、私自身、一軍登板など考えてもいませんでしたし、プロで通用する体を作るために必死でした。ところが、5月に一軍へ昇格させられると26日の巨人戦、終盤にいきなりマウンドへ挙げられました。ここまであっという間の出来事だったので感慨にふける余裕もなく、ただただ「なんで一軍に上がったんだろう。しかも、こんな新人を巨人戦で投げさせていいのか?」と、むしろ疑問に思うくらいでした。

しかし、ある程度の年数が経つと「なるほど」と納得させられました。私の肩が完治していなかった1998年は、ブルペンで星野監督と話すことが多かったのですが、キャンプで正津の球を見ながら「あいつ見てみい。面白いボールを放るだろ。これはいいなぁ」と話していました。すると、早速1年目から中継ぎでどんどん投げさせ、結果的に45試合に登板しました。岩瀬も、打者の手元で変化する独特のストレートを持っていましたから、1年目からどんどん投げさせられ、65試合に登板しました。同じような例は近藤真一さんや上原晃さんにもあります。ドラゴンズがいかに「新人扱い」をしないでいるかがお分かりいただけるのではないでしょうか。

このことが、ドラゴンズ投手陣にさらなる競争を生むことは明らかです。これだけいいスタッフが揃っていながら、さらに毎年新たなライバルが現れるのですから。

また、ドラゴンズのルーキーの起用の特徴としてもうひとつ挙げられるのは厳しい局面でデビューさせる、ということです。

一般的には、大勢が決している場面でデビューさせる、というのがよく見られる例です。しかし、歴代のドラゴンズの監督には、大差で負けているゲームなどで「とりあえず様子をみよう」という考えはほとんどありません。「緊張感のある場面で出したほうがその選手の力量を判断しやすい」という考えが根付いているのだと感じます。

加えて、このような起用法以外にも一軍へ上げるケースがあります。

2010年の新人で挙げるとすれば、ドラフト1位の岡田俊哉がそうでした。7月19日に一軍登録されましたが、一度も登板することなく25日に登録抹消。常識的に考えれば、「投げさせもしないで一軍に上げるなんてもったいない」と思われるでしょうが、実はものすごく大事なことなのです。

たとえ投げなくても一軍の選手の練習や、先輩がどのような意識で野球に取り組んでいるのかが、会話などから知ることができる。そのなかから何かヒントを摑めるかもしれないし、大きなアドバイスをしてもらえることだってある。

首脳陣からすれば、そこで選手の性格を判断するのかもしれません。新人だからといって委縮していれば「ピンチでのリリーフは無理か」となるかもしれないし、逆に堂々としていれば「抑えでもいけるかも」と、ゲームでの投球を見なくても様々な観点から特性を見出すこともできるのです。

ほかの球団の監督の中には、ファームの試合にまでわざわざ足を運び、気になる選手をチェックするという方もいらっしゃいますが、落合監督はそういうことをしません。これはきっと、「実際の試合は一軍なのだから、その一軍でどういう行動をとれるか」ということを直に見ることを信条としているのではないか、と感じています。

岡田の例でいえば、1年目から「ポスト岩瀬」と呼ばれるような珍しいタイプの選手ですから、多種多様の角度から「本当に岩瀬のようになれるのか?」を見極めたいのでしょう。「一軍の空気を体験させる」。これだけでも、新人、特に高卒選手にとってはとても意味のあることなのです。

もちろんこれは野手とて同じことです。ただ、最近は残念ながら野手でそれに見合った活躍ができる選手がいない。ここにこれからのドラゴンズ飛躍のカギがあるでしょう。

いずれにせよドラゴンズの場合、お話ししてきたように新人も1年目から一軍の試合に出られる環境があります。1988年の立浪さんのように、数少ないチャンスでも結果を残せば高卒でもレギュラーになれる。ルーキーにとってはモチベーションが高まりますし、逆に主力選手は危機感を覚えより練習に励む。このような相乗効果があるからこそ、ドラゴンズは周りから「選手層が厚い」、特に「投手陣の層が厚い」と言われているのです。

「初代セーブ王」の星野監督が導入した「ドジャース式」分業制

ドラゴンズの伝統として、その「投手力」の良さの理由についてお話ししてきましたが、もうひとつ紹介しなくてはならないことはプロ野球でいち早く抑え投手の重要性を見出し、分業制を確立させたことでしょう。

その起源は星野仙一さんが現役時代だったころまで遡ります。星野さんは長年、エースとしてチームを支えていましたが、その星野さんを抑えに推薦したのが、当時、投手コーチを務めていた近藤貞雄さんでした。近藤さんはそれ以前から、先発完投型が当たり前だった時代においてリリーフの重要性を説き、救援投手の育成に意欲的に取り組みます。その結果、セーブ王のタイトルが制定された１９７４年に星野さんは10セーブを挙げ初代セーブ王に輝きます。ちなみにこの年の星野さんは先発としてもフル回転し15

勝。沢村賞とダブル受賞という、現在のプロ野球では考えられない離れ業を成し遂げています。その翌年からは鈴木孝政さんが3年連続でセーブ王に輝き、1984年は牛島和彦さんがタイトルを獲得します。

リリーフとしての心得がある星野さんが1987年に監督に就任すると、抑え投手の重要性はさらに目に見えて現れるようになっていきます。

V9時代に巨人がアメリカのフロリダ州ベロービーチでキャンプを行い、ロサンゼルス・ドジャースから投手を中心とした守りの野球を学んだ、いわゆる「ドジャース戦法」は有名ですが、ドラゴンズはまさにそれを行ったのです。星野さんは、引退して評論家活動を行う傍らドジャースの関係者と交流を深め、その人脈を活かしこの地でのキャンプを実現させました。1Aやルーキーリーグに留学させた山本昌さんが、この経験を活かし主力投手にまで成長したように、抑え投手が確立されていく過程においても、ドラゴンズにとってここでの経験はまさに大きな財産となります。

余談ですが、星野監督自らユニフォームをドジャース仕様にするなど、ドラゴンズの「ドジャース色」をビジュアルとしても打ち出す形となったのもこの時です。

こうした地盤を背景に、本当の意味でのストッパーと呼べる存在がチームにどっしりと構えるようになったのは、郭源治さんがその役を務めた1987年以降だと私は感じています。その郭さんを抑えに任命した人こそ、他ならぬ星野監督でした。

1986年のオフに落合さんを獲得するのと引き換えに、それまでチームの守護神を務めていた牛島さんを放出しました。そして、星野監督は郭さんを抑え役に、と配置転換を画策します。守護神となった郭さんは2年連続でセーブ王に輝くなどこれは大当たりとなります。優勝を果たした1988年には37セーブ、防御率1・95という抜群の成績を残しセ・リーグのMVPに選ばれるなどまさに大活躍でした。

1990年には郭さんに代わり、1年目の与田剛さんが持ち味の150キロを超える速球を武器に31セーブを挙げ新人王に輝きます。与田さんが故障した翌1991年には、こちらも新人の森田幸一さんが見事に代役を務め、10勝17セーブでドラゴンズから2年連続で新人王が誕生しました。

見てきたように、1987年から1991年までの「第一次星野政権」では、不動の抑え投手がいましたが、この時期は試合を締める投手に繋ぐセットアッパーの存在がいたことも大きな特徴であり、優勝を果たすことができた大きな要因です。郭さんのときには鈴木孝政さんや鹿島忠さん、与田さんが守護神だった年には引き続き鹿島さんがフル稼働し、その後抑えを務める森田さんや上原晃さんも毎試合のように登板しゲームを引き締めてくれていました。この当時からドラゴンズの分業制の意識は高かったのです。

そして、1996年から2001年までの「第二次星野政権」で、ドラゴンズの分業制は確固たるものとなります。

第二次政権初年度の1996年には「韓国の至宝」と呼ばれた宣銅烈さんを獲得。絶対的な守護神として期待された1年目こそ3セーブ、防御率5・50と不調に終わりましたが、星野監督は根気強く翌年の開幕前から宣さんを抑えに任命します。これが見事に的中。38セーブを挙げセーブ王に輝き、以降1999年まで不動の抑えとして活躍することになります。2000年と山田久志監督となった2002年にはエディ・ギャラードがタイトルを獲得。それ以降は大塚晶則、岩瀬が守護神となります。

そして彼らに繋ぐリリーフ陣も実に豪華なラインアップでした。

1996年から遠藤政隆と中継ぎとしての適性を見出された落合英二さんがフル回転し、1998年はこれに前田幸長さんと正津英志、1999年には新人の岩瀬と新加入のサムソン・リーが盤石の勝利の方程式を築き、11年ぶりのリーグ制覇に大きく貢献します。以降、岡本真也や平井正史、そして現在の高橋、浅尾と続くわけですが、20年以上前からドラゴンズにはこのような素晴らしいセットアッパーが存在しているのです。

それは、明確な記録として裏づけされています。最多セーブ投手（セーブ王、最優秀救援投手を含む）を獲得したドラゴンズの投手はこれまでで8人、12球団最多の15回タイトルを獲得しています（星野1回、鈴木3回、牛島1回、郭2回、与田1回、宣1回、ギャラード2回、岩瀬4回）。そして、1996年に制定された最優秀中継ぎ投手にも12球団最多の4人で6度のタイトルを獲得しているのです（落合1回、岩瀬3回、岡本1回、浅尾1回）。

いかにドラゴンズが、伝統的に投手分業制に腐心したチーム作りをしていたかお分かりいただけるのではないでしょうか。

なぜ、セ・リーグには「エース」が生まれないのか

少し話が逸れますが、最近「セ・リーグにはエースと呼べる投手が生まれない」という指摘が聞かれ、それについての論評も多くみられます。事実、先発投手の最高の栄誉である沢村賞も2004年に川上憲伸が受賞して以来、セ・リーグからは出ていません し、防御率のランキングを見ても、パ・リーグには1点台から2点台前半の投手が上位を占めているのに対し、セ・リーグは良くて2点台中盤です。ですから、数字だけを見れば「エースが生まれない」という指摘があるのも当然です。

しかし私なりの意見を言わせてもらえば、これは単純に「DH」の有無の差だけであると思っています。

はっきり言ってしまえば、セ・リーグには「完投型投手」はいなくてもいいのです。セ・リーグの場合、いくら優れた投手がいたとしてもゲームの行方を左右するチャンスの場面で打席が回ってきたら、それがたとえ5回や6回でも代打を告げられることがあります。それが多く続けば投球回数は必然的に減ってしまいますし、6回3失点のゲームが多ければ言うまでもなく防御率にも響いてきます。

先の沢村賞に選ばれるためには、「防御率2・5以下」「15勝以上」「150奪三振以上」「200投球回数以上」「勝率6割以上」「10完投以上」「25試合以上の登板」と定められた条件のうち（原則として）3項目以上をクリアしなければなりませんが、この時点で投球回数、防御率、完投数、三振数でセ・リーグの投手には不利に働きます。

仮にセ・リーグの先発投手が全試合6回2失点を続けたとしましょう。そうすれば防御率は3・00。6回3失点なら4・50です。

一方で、セ・リーグなら代えられてしまう6回2、3失点でも、DHのないパ・リーグは打順の巡り合わせに悩むことなく投手を可能な限り投げさせることができます。そうすると残り2回をきちんと抑え、8回2失点を続けた場合防御率は2・25、3失点を続けた場合3・38となると、約1点の防御率の開きが出てきてしまうのです。

北海道日本ハムファイターズのダルビッシュ有や埼玉西武ライオンズの涌井秀章などは4点取られても完投してしまうゲームがざらにあります。こうしたシステムによってパ・リーグの先発投手には「完投して当然」とまではいかなくても、6回でOKという感覚で投げている投手は少ないでしょう。ですから、その数字上のデータだけを見てパ・リーグの投手の方が優れている、という指摘は、ちょっと違うのではないかと思います。ただ、こういった環境にいるため、パ・リーグの方が体もメンタルも強い投手が生まれているということはあるかもしれません。

ただし、一方で中継ぎ、抑え投手で見れば、セ・リーグの方が圧倒的に充実していると思います。2005年に阪神をリーグ制覇に導いたジェフ・ウィリアムス、藤川球児、久保田智之の盤石のリリーフ陣「JFK」は有名ですが、彼らのように短いイニングをしっかりと抑えられる投手がいるチームがセ・リーグでは必然的に上位に食い込みます。

その点やはり、毎年、他チームがドラゴンズに脅威を感じているのは、攻撃陣でも先発投手陣でもなく、強固なリリーフ陣があるから、といえるでしょう。2010年は高橋や浅尾が1点台の防御率を残し、岩瀬は42セーブをマークしました。これらを見ても分かるように、いくら強力打線が売り物の巨人や阪神とはいえ、1イニングで彼らを打ち崩すのは容易なことではないのです。特に順位争いが激化する9月に入れば、「6回までに点を取らないとリリーフ陣にやられる」というプレッシャーが押し寄せ、ゲームが進むにつれ打線がちぐはぐになってくる。２０１０年終盤の巨人と阪神の直接対決を見ていてもそれはお分かりいただけるでしょう。

話はドラゴンズに戻りますが、やはりドラゴンズの強さ、伝統的な投手力の強さはここにあると思います。ＤＨのないセ・リーグの中で、どのような投手起用、イニングプランが必要かを踏まえて、現実的な戦いができているのです。

落合ドラゴンズの軸〝アライバ〟のすごさ

ドラゴンズの伝統として「投手力」を見てきましたが、その投手を支える守備陣のことも忘れてはいけません。２０１０年シーズンこそ、失策が増えてしまいましたが、本来ドラゴンズが標榜《ひょうぼう》するのは「守り勝つ野球」。そして、その顔ともいえる存在は、なんといっても荒木、井端の〝アライバ〟コンビです。

ショート・井端、セカンド・荒木の二遊間コンビが注目を集めるようになったのは落合監督が就任してからでしょう。キャンプから、落合監督自らバットを持ちこの二人にノックの雨あられ。さらに落合監督の「自覚を持った練習姿勢」と「考える野球」を誰よりも理解し、ドラゴンズといえば〝アライバ〟と言われるまでになります。

井端は、「お前たちはグラウンドでしっかりプレーしてくれればいい」というチーム方針に安心感を抱いたため、以前にも増して思い切りの良いプレーができるようになりましたし、荒木も自分の役割が明確になったことで余計なことを考えず、一つひとつのプレーに集中できるようになりました。そして、「球界屈指の二遊間」として絶賛されるほどに成長を遂げていったのです。

ふたりの優れているところは言うまでもなく守備。センター前に抜けようかという打球を荒木が目一杯に手を伸ばし捕球しグラブトス。フォローに入った井端が捕球し、間髪入れずに一塁へ送球しアウト。そのような華麗なコンビプレーはシーズンで何度も見られ、幾度となく投手陣を救っています。アメリカのメジャーリーグファンには、イチローについて「打撃よりも守備のほうが見たい」と言う人間が多いそうですが、井端と荒木もまた、守備でファンを魅了できる数少ないプロ野球選手です。

このようなプレーは、どの二遊間にもできるとは限りません。まず、その圧倒的な練習量に加え、井端と荒木、それぞれの才能があって初めて成しえることだからです。

井端のストロングポイントと言えば、ポジショニングです。今度、球場で試合を見る機会があればぜひ注目してほしいのですが、明らかに他のチームのショートが守っている場所と違うところにいることが分かると思います。具体的には、相手打者の打球傾向や足の速さによってその都度、サード、セカンドベース寄りと、細かく移動しているのですが、基本的に井端は、内野と外野を区分けするラインぎりぎりの位置で守っているのです。

ここまで後ろに守ると、必然的に送球するファーストまでの距離が遠くなることから、他の選手はその位置よりも少し前で守ることが多いのですが、そのことにより、逆に三遊間や二塁ベース付近の打球に対して飛びつかなければ捕球できなくなってしまいます。

しかし井端は、たとえ一塁への距離が遠くなろうとも正面で打球を捕ることができれば十分にアウトにできる、という考えを持っています。ですから、少しでも守備範囲が広くなるよう、後ろめに守っているのです。

こういった守備へのこだわりは道具にも表れています。井端は守備になるとスパイクの歯がないシューズに履き替えるのです。つまり、打つ時と守る時、常にスパイクを変えながらプレーしているのです。セカンドへのコンバートでショート井端を見る機会は減ってしまいましたが、もちろんセカンドでも同じように考えながら守っているでしょう。ぜひ、そこに注目してみてください。

一方で荒木は、井端のように守備位置付近でちょこちょこと動くような仕草は見せません。本人の動きやすさにも関係してくるのでしょう。本来、内野手は一歩目の早さを大事にするため、投手が投球モーションに入ったら踵《かかと》を上げ動きやすい体勢をとるのですが、荒木はあまり動きません。その分、打球への入り方が非常に速い。敏捷性《びんしょうせい》に優れているということにも置き換えられますが、外野へ抜けそうな打球でもぎりぎりで追いつけてしまう球際の強さがあります。

荒木は何と言っても圧倒的な身体能力を守備であますことなく発揮しています。ショートにコンバートされた2010年も、序盤こそエラーを重ねましたがその守備範囲の広さに驚かされることが何度もありました。

このように、異なる守備意識を持った井端と荒木のコンビネーションが見事に合致したことによって堅牢な二遊間が誕生しました。もちろん、そこには落合監督の指導や以前、野手総合コーチをされていた高代延博さんがノックなどで徹底的に鍛えてくれたこと、本人たちがチームの「考える野球」を念頭に置きゲームで学んだことも多いでしょう。２０１０年からはコンバートによってショート・荒木、セカンド・井端の構図となり新しい挑戦として、慣れない部分もあるでしょうが、とはいえ、ふたりの高いコンビネーションがほころぶとは私は思っていません。

守備同様、攻撃面でもふたりは、相手にとって無類のいやらしさを発揮します。井端は選球眼がよく、ツーストライクに追い込まれてもファウルでとことん粘り、その結果、打ち取られてしまっても相手投手に多くの球数を投げさせる。荒木とふたり合わせて20、30球投げさせるといったことなどざらにありました。

２００４年から２００６年までと２０１０年は荒木、２００７年から２００９年までは井端が1番を務めましたが、トップが出塁すれば果敢に盗塁し、2番が送る。またはヒット・エンド・ランで一、三塁となる。相手投手にとって「初回に走者を三塁まで進めてしまうかもしれない」という恐怖を、どれだけ与えてきたか計り知れません。

当然のように、ふたりの出塁はチームの勝利に直結します。優勝した2004年だけを見ても、前年まではなかなか上位を含めた打線が固定せず、実に24通りものオーダーを組むなど苦しみましたが、荒木、井端が1、2番に定着した5月中旬以降の勝率が6割以上と、実際の数字でもそれは実証されています。

この年は、クリーンアップが固定できず、立浪さんや福留、アレックスが日替わりのような形で務めていました。それでもチームが勝てたのは、荒木や井端が得点圏にいることで、「ランナーを還せばいい」と中軸はシンプルな打撃を心掛けて打席に立つことができたからです。

2010年は「井端を6番にする」という構想でスタートしたことから、現在の急務は2番打者の育成であることは言うまでもありません。それは今の選手だと岩崎や大島あたりが候補となってくるはずですが、井端や荒木のような2番打者になるためには、日ごろの練習はもちろんのこと、自分がチームに求められている役割を十分に理解することが必要です。生きた教材が目の前にいるのですから、選手たちはぜひそこから盗んでほしいものです。

ドラゴンズ永遠の命題「打倒・巨人」

ドラゴンズの伝統、といえば「打倒・巨人」です。野球ファンのみなさんには巨人のライバルといえば、阪神というイメージがあると思いますが、私はドラゴンズほど巨人を意識して戦っているチームはほかにないと思います。

いくらドラゴンズがAクラスの常連といっても、監督やコーチ、選手はそれで満足しているわけではありません。チームとしての最終目標は当然、優勝、そして日本一にあるわけですが、それ以上にモチベーションとなっているのが「打倒巨人」なのです。

優勝回数こそ巨人の33回に対してドラゴンズの8回と大きく水をあけられていますが、1994年の「10・8決戦」でも分かるように宿敵を追い詰めたシーズンは何度もありました。巨人最大の黄金時代とよばれる1965年から1973年までの「V9」でもドラゴンズは1965年、1966年、1967年、1971年と4度2位となっており、この期間でも幾度となく優勝のチャンスを掴んでいます。1974年にV9時代に終止符を打ったのもドラゴンズでした。

チームの伝統として「打倒巨人」は当たり前のことで、私もそうでしたが、入団したての選手も「巨人を倒さないと優勝できない」という気持ちに自然と切り替わっていったものです。

特に星野監督時代は顕著でした。ミーティングなどで檄が飛ぶわけではありません。監督自身「言わなくても分かっているだろう」という雰囲気でした。そもそも監督の表情を見ていれば誰でも「負けられない」と闘志を漲《みなぎ》らせるのは必然でした。ゲーム前の緊張感はピークに達し、そこで無様なプレーを見せようものならば試合後のミーティングでは他の試合の数倍もの怒声が飛んだものです。

当時正捕手だった中村武志さんは「他の試合では1キロくらいしか痩せないけど、巨人戦だと5キロ痩せた」と言っていました。どれだけ星野監督に怒られてもめげなかった中村さんでも、巨人戦となると相当、神経を使いながらプレーしていたことが窺《うかが》えるエピソードです。

ゲームでももちろん全力で挑んでいきました。私や山本昌さんなどは、当然のように巨人戦に先発させられました。このころになるとある程度ローテーション制は確立していましたから巨人戦に投げない試合もあるはずなのですが、私たちが登板するあたりに巨人戦が近いと中4日や中7日などずらしてでも登板を当てられました。私が先発として投げていた期間は、おそらく毎年10試合以上は巨人戦に先発していたと思います。

私はそれほど感情を表に出すタイプの人間ではなかったので、巨人戦だからといって特に気合を入れようとしていたわけではありませんが、巨人戦が終わった後はグッと疲れているということがしばしばでした。ほとんどの選手は闘志をむき出しにして戦っていましたから、その後の試合で取りこぼすこともまたよくあったくらいです。

特に星野監督は、数々の乱闘シーンでもお分かりのように、ベンチを蹴ったり備え付けの扇風機を殴って壊すなど、ライバル心を前面に出していました。これは、よく語られる監督の過去のドラフト指名回避による「巨人憎し」もひとつにはあったと思いますが、何より優勝するためには、巨人には絶対に勝たなければいけない、ということをよく分かっていたからでしょう。だから、特に巨人戦では、チャンスで打てないとバットやヘルメットを地面に叩きつけるくらい感情を露わにする選手に対しては、好感を抱いていたように思います。

星野監督時代の巨人戦は、毎回、戦争でしたから、このカードが終わった直後というのは燃え尽き症候群というわけではありませんが、やはり選手も気が抜けたところはあったかと思います。中村さんの例は極端ですが、本当に神経をすり減らしながら戦っていたわけですから疲労がどっと押し寄せてくるのも無理はありません。

しかし、振り返ればやっぱり巨人は強かった。今でも解説などで巨人戦を見させてもらうことがありますが、現在いくら強力打線が売り物といっても、V9時代や1980年代から1990年代の巨人の方が強かったでしょう。

打線も、今のような1番から8番まで一発がある、というのではなく、たとえば私がいた時代ですと、先頭に後足の緒方耕一さんがいて2番には小技のできる川相さん、3番にクロマティがいて4番には原さんがどっしりと座っている。当時の巨人は打撃に派手さはないものの現在のドラゴンズのように切れ目のない打線が特徴でした。投げる側からすれば、一発よりもつながる打線のほうが怖いものです。

しかし、なんといっても強さの要因は投手力でした。1980年代前半なら江川卓さんにドラゴンズでも20勝をマークした西本聖さん、後半になると斎藤雅樹さんを筆頭に槙原寛己さん、桑田真澄さんの「先発三本柱」がしっかりと機能し、1989年、19

90年と連覇しました。特に1990年は斎藤さん桑田さんに加え宮本和知さん、香田勲男さんと木田優夫さんと、5人もの10勝投手を生みました。投打のバランスがしっかり嚙み合ったからこそ、このような投手王国を築けたのでしょう。「10・8決戦」でドラゴンズが敗れたのも、巨人が先発三本柱を要した、文字通りの総力戦で向かってきたからにほかなりません。

最後に少し、巨人を称賛するような内容となってしまいましたが、ひとつだけ言えることは、ドラゴンズが優勝するためには巨人を倒すしかない。それだけは今後も変わることのない永遠のテーマでしょう。

ドラゴンズ流・プロの資格

もうひとつ、ドラゴンズの伝統と言えるか分かりませんが、他球団の選手たちと不用意に交流を深めない雰囲気があります。

「ドラゴンズの選手は巨人の選手と喋ってはいけない」という話を聞いたことがある人がいるかもしれません。

これは、星野監督、特に１９８７年からの一次政権のときによく言われていたことだと思います。先ほどお話ししたように巨人に対して並々ならぬ闘志を燃やし試合に臨んでいたため、こういった話が流布されたのでしょう。

実際には少しニュアンスが違いました。巨人も含め、「相手チームの選手と軽々しく話すのは好ましくない」というのが、ドラゴンズの方針でした。

私自身、高校の先輩がいなかったこともありますが、ゲーム前でもよほどお世話になった方でなければ挨拶もしないし、相手チームの人と話すことはほとんどありませんでした。

特に星野監督時代だと、にやにや笑いながら相手チームの人と談笑、というような姿を見られようものならばゲーム後に大変なことになっていました。

試合前でこうですから、ゲーム中なんてなおさらです。私は投手だったため滅多に塁に出ることはありませんでしたが、一塁に出塁して相手チームのファーストと笑顔で話そうものならば大目玉。そういう雰囲気がチームには常に漂っていました。

これは、ファンの心理を含めての行動でした。真剣勝負の最中に相手チームの選手と喋る選手を見てファンはどう思うのか。自分のチームの監督、コーチに見られていることよりも、球場に来ているファンの方がそのような光景を目にしてどう感じるかを考えてのことでした。ましてや、負けていたらどうでしょう。「なんだあいつ、負けてんのにへらへら喋りやがって」と思われてしまっても仕方ありません。外国人は少し特殊ですが、ドラゴンズの選手はそうやって戦う集団としての教育をされていました。

今でもゲームを見ていただければ分かるでしょうが、ドラゴンズの選手は試合前、試合中相手チームと談笑するということがほとんどありません。練習でもそうです。もちろんどのチームの選手も相手チームに高校、大学、社会人の先輩がいたり、お世話になった選手がいたりすれば、挨拶はするでしょうし、それが礼儀でもあります。しかし、それでも試合前に5分も話すようなことはないでしょう。

その点で、ドラゴンズの選手、特にベテラン陣はしっかりしていると思います。ゲーム前の練習にしても長く話してもせいぜい10秒ほど。本当にひと言挨拶を交わすだけです。西武時代はどうだったか分かりませんが、優しい性格の和田ですら、一言二言会話を交わすだけで黙々と練習に励んでいます。

これは選手間に限った話ではありません。ドラゴンズOBの解説者の方も同じこと。私もよく選手に声をかけますが、「今日は頑張れよ」と一言、二言交わすだけです。落合監督に対しても話しかけに行くOBは少ないでしょう。誤解のないように言っておきますが、落合監督は話せることはちゃんと話してくれます。「俺に近づくな」と思っているわけでは決してありません。

近年は、ワールド・ベースボール・クラシックなど国際大会が増え、そこでほかのチームの選手と友好を深める機会も多くなりました。食事に行ったりもするし、自主トレもともに行うようにもなるでしょう。携帯電話も普及し、選手たちは自由に誰とも話すことができます。さすがにそこまで球団も干渉することはできません。

そんな時代だからこそ、選手は自分というものをしっかり持たなければならないと思います。自分の言動がチームにどのような影響を及ぼしてしまうのか、何よりファンにどう思われるのか、ということを常に自覚し、行動していかなければならない。そういう面では、今の選手の方が厳しい環境に置かれているのかもしれません。そのなかにおいてドラゴンズは選手たちが自ら自制し、プロ野球選手としての立ち居振る舞いができているチームであると思っています。

ドラゴンズに「名参謀」あり

ドラゴンズが長きにわたりAクラスの常連としてシーズンを戦えているのは、なにも監督だけの力ではありません。陰でサポートするコーチや裏方さん、そしてフロント陣も重要な役割を担っています。ドラゴンズは伝統的に時の監督を中心に、その中で意思疎通が非常によくできているチームだと思います。

まずは、監督を支えた名参謀をご紹介しましょう。

まずはじめは、近藤政権で8年ぶりのリーグ制覇を成し遂げた1982年のドラゴンズで打撃コーチを務めた黒江透修さん。

投手出身の近藤監督が、当時のプロ野球において「分業制」をいち早く導入したことは先にも紹介しましたが、攻撃面はいわば門外漢。そこで目を付けたのが黒江さんだといいます。現役時代のいやらしい打撃に加え、引退後も各チームのデータをしっかりととっている姿に感銘し、「ぜひうちに」と呼んだそうです。付け加えれば、巨人OBである黒江さんを入れることで、「打倒巨人」も達成できるだろうと踏んでいたのでしょう。

田尾安志さんや谷沢健一さん、大島康徳さん、牛島さん、小松さんなど個性的な選手が多くいたことから「野武士軍団」と呼ばれた当時のドラゴンズにおいて、黒江さんの手腕は見事に発揮されました。現役時代に培われた勝負強さと豊富なデータで幾度となくチームを勝利へ導きました。近藤監督とのコンビネーションも抜群だったそうで、攻撃においては「すべて君に任せるから好きなようにやってくれ」と全幅の信頼を置いていたといいます。1981年から1983年と短い期間でしたが、黒江さんの功績は大きいといえるでしょう。

1990年代の「名参謀」といえば、1986年から1991年、1996年から2002年まで星野監督の右腕として粉骨砕身された島野育夫（故人）さんでしょう。

私が現役時代、もっとも長くお付き合いさせていただいた方ですから、個人的にも様々な思い出があります。第一次星野政権のときは若かったせいもあり、なかなか話すことはできませんでしたが、第二次政権では肩を故障しファームで調整している期間も頻繁に様子を見に来てくれましたし、２００1年に球団から引退勧告を言い渡された際にも何度も相談し、その度にアドバイスをいただきました。

島野さんが優れていたところは、絶妙なバランス感覚です。たとえばミーティングの際に星野監督があまり怒らなければ島野さんが怒鳴りました。逆に星野監督が激昂《げきこう》しているときは傍らでじっと話を聞いている。あまりにも怒りが収まらないときにはフォローをしたり、その後怒られた選手に声をかけたりと、場の空気を読むのがとても上手でした。

星野さんがバッテリーを中心に見ていたことで、島野さんは野手には厳しい方でもありました。星野監督と同じようにゲーム中でも平気で怒鳴る。ときには監督のお株を奪う「鉄拳制裁」もありました。あまりにもお粗末なプレーが目立った日などには、ゲーム後、お客さんが帰った後に球場で特守をしていたことを何度も目にしています。外野手の彦野利勝さんなどは「本当にしんどい」といった様子でノックを受けていたほどです。

島野さんが星野監督と似ていたことは、ミスしてもチャンスを与えるところ。「ミスしたらその分を練習で取り返せばいい」という考えが徹底していたからこそ、何度も何度も選手を怒鳴りつけたし、特守も選手が泣きたくなるくらいやったのだと思います。島野さんはその後、星野監督が阪神に行かれたとき一緒に入団されたことからも分かるように、まさに星野さんと一蓮托生《いちれんたくしょう》の方でした。

そして今現在、辣腕《らつわん》を振るっているのが森繁和さんです。2004年から落合監督の右腕として投手陣の切り盛りを任され、落合監督から絶大なる信頼を得ています。

2008年の「先発8人制」といった大胆な布陣の形成から的確な投手起用など、ドラゴンズ投手陣にとってなくてはならない存在ですが、森さんは独特の指導方針を持っていることでも知られています。

まず、入団したての投手には、それまでリリーフ経験が多かった人間であったとしても全員に先発をやらせ適性を見定める。キャンプでも、先発は日によって200球近く投げさせることもありますが、リリーフは100球以上投げることはさせない。ランニングの量も役割によって距離や本数を細かく区分けするなど、その手法は徹底しています。

森さんの優れている点はそれだけではありません。補強の面においても手腕を発揮しています。

シーズンオフになるとドミニカのウインターリーグに直々に出向き、ドラゴンズのカラーに合った選手を発掘してくるのです。代表例を挙げると、2009年に1年目ながら本塁打、打点の二冠に輝いたブランコです。また、育成枠で獲得し、2010年シーズン終盤に先発としてチームを支えたネルソンも森さんが自分の目で見て獲ってきた選手です。

そのほかでは、2009年に中継ぎとして再起を果たした河原に救済の手を差し伸べたのも森さんでした。2007年に西武から戦力外通告を受けてから母校でトレーニングを続けていた駒澤大学の後輩に対して、「1年だけチャンスをやる」と奮起を促したのです。

このような功績が認められ、2010年からはこれまでヘッドコーチを置かなかった落合政権において初めてとなるそのポジションに就いています。

チームの中心はあくまでも監督。しかし、監督とはいえ人間ですからときには迷うこともあるし、間違った決断を下すこともあるでしょう。それでも、チームが一丸となってひとつの方向へ突き進んでいけるのは、時代、時代にこのような「名参謀」がいるからこそ。ドラゴンズの強さはここにもあるのです。

三拍子ではなく秀でた要素で選ぶスカウティングの妙

ドラゴンズというチームに適した人材を探してくる、スカウティングも重要なファクターとなってきます。

新人選手を獲得する場合、当然のようにスカウトの眼力は必要ですが、監督によってどんな選手がほしいかは異なってきます。

ドラゴンズがスカウティングに関して一貫していることは、「三拍子そろった選手ではなく、なにかひとつでも秀でた選手」を求めていることです。

それを、星野監督と落合監督を例にとって説明しましょう。

星野監督の場合は、現場の意見を聞きつつスカウトの意向を最優先とし、ドラフト候補にリストアップしている選手のビデオを見て決める、という方針をとっていたそうです。それに、私の場合がそうだったんですが、直感に頼ることもあったそうです。私自身、甲子園にも出ていないのに、なぜドラフト1位で指名されたか未だに分からないのですが、星野監督がスカウトの方から私のビデオを見せられて、「絶対に1位で指名しよう」と即決してくれたそうです。1988年のドラフトの目玉候補は、後にヤクルトからドラゴンズに入る川崎でしたが、それでも私を単独で指名してくれたということは、監督のなかに直感めいたものがあったんでしょう。

実は、この直感は決断において大事な要素のひとつでもあります。

第二次星野政権の時期になると、投手の分業制もだいぶ明確になっていましたから、スカウトも投球や性格などから「この選手は先発向き、リリーフ向き」といった視点で候補者をリストアップしてきます。

岩瀬の獲得を進言したのは、東海地区のスカウトをされていた近藤真一さんでしたが、リリーフ要因として彼のビデオやデータを監督に見せると「左バッターにしっかり投げてくれそうだ」という、いわば直感で2位指名に踏み切りました。そのほかでも正津も独特の投球フォームだったことから「中継ぎで通用する」と指名したのでしょう。

落合監督となると、ゲームでの采配同様、守備が上手であれば、足が速ければ、という基準で選手を獲得する傾向があります。短所を補うよりも長所を伸ばすという方針は一貫しており、2005年の高校生ドラフト1巡目の平田良介に関しては、「今年のドラフトで俺が認めたのは平田だけ。あれだけバットを振れる選手はそうはいない」と絶賛。単独指名で獲得しました。彼もまた、「しっかりとしたスイングができる」という長所で落合監督のお眼鏡にかかったひとりです。ただ、最近の実績を見る限り、とても監督の評価と期待に応えられているとは思えません。私の後輩でもありますし、ぜひ頑張ってもらいたいところです。

2008年のドラフト1位の野本も、スカウト陣が巨人に入団した大田泰示を推すなかで落合監督だけは「必ず野本だ」と説得し、楽天との競合にはなったものの無事に獲得に成功しました。彼もまた、平田と同じように天性の打撃センスを見出された選手でした。

このように、ドラフト指名に関しては監督の裁量が大きく表れてきますが、優れた人材を発掘できるのはやはりスカウトの方々の眼力と粘りがあってこそです。

２００４年に2位指名を受けた中田賢一は、北九州市立大学という無名の大学の出身ですが、１５０キロ近い速球が武器だったことから他球団からも熱視線を浴びていたほどの逸材でした。しかし、故障していることが分かると軒並み指名を回避。それでもドラゴンズだけは根気強く中田を視察し続け獲得したのです。

また、２００６年の大学・社会人ドラフトで３巡目指名を受けた浅尾も、高校２年まで捕手だった全くの無名選手でした。しかしドラゴンズは、地元の選手であることに加え、入学時に愛知大学リーグの３部だった日本福祉大学を４年の秋までに１部へ昇格させた功労者であり、剛速球を武器にしていることに目をつけ獲得に乗り出しました。これだけの投手を単独で指名できる、ドラゴンズのスカウト陣の目が確かであることを証明したドラフトでした。

豊富な戦力を陰から支えている、優秀なスカウト陣もまたドラゴンズにとって欠かせない存在です。

裏方とフロントとの一体感

スカウトの目がしっかりしているため1年目から選手を試合に出しやすい環境が整っていることは紹介しましたが、安定したドラゴンズのチーム力を語るうえで欠かせないのは、現場とフロントのパイプラインがしっかりしているということです。

裏方さんにしてもそうです。スカウト、スコアラー、打撃投手、ブルペン捕手、トレーナー……。チームを陰で支えるこのような方たちも現場の意向を汲《く》んでもらったことで豊富にそろえることができます。

なかでもスコアラーは、12球団のなかでもドラゴンズが最も豊富に人材をそろえているといってもいいのではないでしょうか。対戦相手を事前に偵察する「先乗りスコアラー」という言葉を聞いたことがある人も多いかと思いますが、彼らを12球団それぞれに担当としてつけるようになったのはドラゴンズが走りだといわれています。

きっかけは２００５年だったかと記憶しています。この年からセ・パ交流戦が開始されたため、各球団とも、他リーグのチームのデータが乏しいままスタートしたことでしょう。ドラゴンズも例外ではなく、見事にやられてしまいました。２００５年の成績は15勝21敗。前年にリーグ制覇を成し遂げ、この年も幸先の良いスタートを切っていましたが交流戦を境に失速。この期間が優勝を逃した原因だとも周囲から言われました。

そのことが直接のきっかけとなったかは定かではありませんが、ちょうどこの時期から現場の意向を聞き、フロントは先乗りスコアラーの増員をしたといわれています。その結果、２００６年の21勝15敗をはじめ、２０１０年を除けば勝率５割を切る年がなくなるなど目覚ましい実績を上げることができたのです。

ただ、先乗りスコアラーを12球団に置くというのは、予算的にも無理を強いるものでした。事実、そんな事情から他球団はスコアラーの数を減らしていた時代です。しかし、落合監督のその要望をフロントは二つ返事で了承したと言います。勝つために何が必要か、必要と思えばその予算は惜しまないドラゴンズの象徴でしょう。

またスコアラーは非常に緻密なデータを用意してくれます。ですから現場の監督やコーチ、特にプレーする選手は手を抜けるはずもありません。スコアラーが用意したデータに絶対的な信頼を置き、重要な参考資料としてそれをもとに相手を丸裸にし、ゲームへ挑みます。また一方で現場がそのような姿勢を示してくれるため、スコアラーも手は抜けない。良い循環があります。

だからこそ、チームはスコアラーをはじめとした裏方さんを大事にするのです。ドラゴンズの練習を見てもらえれば分かりますが打撃練習をする際、誰に言われるまでもなく打撃ゲージに入る前は打撃投手に対して「お願いします」と挨拶し、離れるときは「ありがとうございました」とお礼を言っています。

感謝の気持ちはそれだけではありません。シーズンオフになると、各球団ともゴルフコンペのような交流会を開催しますが、ドラゴンズの場合はそこにも裏方さんを招待します。私が現役の頃は、野手、投手、バッテリーとそれぞれのコンペがあり、いずれも裏方さんを招待していたため大変だったとは思いますが、これも現場が裏方さんを尊敬し感謝しているからこその行事でした。

選手個人でも裏方さんへの感謝を忘れません。岩瀬が250セーブを達成した時に、裏方さん全員に段ボールいっぱいの記念品を贈ったことはよくメディアで取り上げられましたが、英智なども2010年に自らオリジナルの「裏方さんTシャツ」を作り、一軍、二軍全員の裏方さんに配ったそうです。彼のような選手がひとり、またひとりと増えていけば一層、チームの結束力が強まっていくことでしょう。

私は、ドラゴンズの裏方さんは12球団一だと思っています。そしてだからこそ、選手も裏方さんを大事にする。これはドラゴンズが誇れる大事な伝統のひとつなのです。

厳しいプロとしての評価

ただ、だからといってフロントサイドもすべて言いなりになるわけではありません。優勝するために必要だと思った予算は捻出してくれますが、しかし、選手の年俸に関してはとてもシビアな考えを持っています。

岩瀬や井端は長年、実績を上げているため他球団の主力選手にも劣らない高年俸をもらっていますが、荒木や森野にいたっては、あれだけ毎年のように結果を残しているにもかかわらずまだ1億円台（推定）です。

ドラゴンズの特徴としては、1、2年程度の活躍では年俸は上げない、というのが基本的な考えとしてあるのだと感じます。私自身、2年目に10勝、3年目には12勝を挙げても驚くほど年俸は上がりませんでした。そのとき球団から、「まだちょっとしか実績を残していないから」と言われたことを覚えています。

近年では佐藤充がいい例でしょう。2005年に1勝しかできなかった投手が、2年目には交流戦MVPなど9勝をマークする活躍を見せましたが、それでも年俸は推定で1100万円から3400万円。巨人であれば5000万円はいってもおかしくはない結果を出しても、です。事実、佐藤は2007年以降、調子が上がってこず球団の見る目は正しかったといえるでしょう。

しかし、いくら厳しい査定を下されても他球団の選手のように駄々をこねず、一発でサインをする人間がほとんどです。

落合監督以降では、その理由のひとつに「監督査定」があることが挙げられるでしょう。つまり、契約更改交渉の場で自分が希望している額に到達していなかったということは、イコール「まだ監督に認められていない」ということ。となれば、さすがに選手も納得せざるを得ません。その代わり認められれば、前年にタイトルを獲った10年の吉見（推定3800万円から9000万円）やチェン（推定3500万円から1億1000万円）と大きく上がるケースもあります。

現場にはお金を出す。しかし、選手は相応の数字を残すことができなければ自分に跳ね返ってくる。厳しいようですが、実に分かりやすい図式だといえるでしょう。

ドラゴンズとチームリーダー

ドラゴンズに限らず、強いチームには必ず「チームリーダー」と呼ばれる存在がいます。ゲームの大事な局面やシーズンの行方を占う展開で、彼らは身をもって選手全員に危機感を与え、そして自らもバットであれボールであれチームを牽引《けんいん》します。

2010年であれば、それは和田や森野でした。特に和田は、足を故障し万全な状態ではないにもかかわらず、アウトになる打球でも一塁まで全力で駆け抜けていました。足を故障している和田がそれだけのプレーを見せているのですから、他の選手がやらないわけにはいきません。「ひとつのプレーが勝敗を分ける。なら、やれるだけはやろう」という心構えが表れていました。

この姿勢もドラゴンズのいい伝統といえます。過去の選手でいうならば、立浪さんはその代表格といえるでしょう。ベテランとなった2000年代以降は言うまでもありませんが、中堅クラスだった1990年代もプレーでチームを引っ張ってくれました。

立浪さんは何かしら期待をしてしまう選手でした。一般的に考えるなら、2死ランナーなしの場面で投手に打順が回ってきた場合、次の回は1番から始まることもあり無理なことをせず簡単にアウトになることが多いですが、1番に立浪さんがいれば「何かやってくれる」という期待が持てました。「ツーアウト一塁でもチャンスになるんじゃないか」。そう思わせるような選手だったのです。

そこには当然、立浪さんの強い意識もありました。立浪さんはその回やゲームでの最後の打者をとことん嫌がっていました。「自分では終わらない」「自分が出塁することで流れが変わるかもしれない」ということを常に考え打席に立っていたことを私たちは知っていたため、「立浪さんに回せば」と自然に思えたのでしょう。

これは私が引退した2002年以降の話になりますが、立浪さんは私生活の面でも後輩に厳しくしていたそうです。頭髪の乱れはもちろん、体のケアなど、グラウンドで見ていて明らかにたるんでいると感じれば、誰であろうとしっかりと怒っていたそうです。立浪さんに限らず、歴代のドラゴンズには、このように厳しく指導し後輩たちを正しい道へと導いてくれる先輩方がたくさんいました。

そのことによっていい面も生まれます。それは、選手が不平不満を口にしないことです。これは、前項でも説明した「周りにマイナス要素を言わない」ことにも結びついてくることですが、自分の不用意なひと言が誰かに迷惑をかけるかもしれない、と常に選手一人ひとりが自覚している証拠だといえます。

私自身、1年目にファームで大した成績を残してもいないのに一軍に呼ばれ巨人戦で投げさせてもらいました。きっと、「なんで二軍でも打たれているのに上げるのか？ほら、やっぱり一軍でも打たれているじゃないか」と思われている先輩方もいたはずです。でもそういうことを顔に出す先輩はひとりもいませんでした。

そのような伝統が根付いているため、一軍に上がれない先輩たちも不平不満を漏らすことはありません。個人個人で「あいつが一軍に出られる理由があるように、俺にも出られない理由があるからだ」ということを分かっているからです。だから、選手は「文句を言う前に練習しなくてはいけない」という意識が自然と身についてくるのです。

強いチームは、選手の力量やチームプレー、潤沢な資金だけでできるものではありません。ときには感情を押し殺す我慢強さ、メンタル面も大事な要素となってくるのです。

第5章　中日ドラゴンズと未来

～ファンと一体感のあるチームに～

ヤクルトに弱い理由

これまで、ドラゴンズの強さを様々な観点から紹介してきましたが、なかでも特に強さを支えているのは「役割分担がしっかりとしている強固な投手力」だということは、なんとなく理解いただけたと思います。

この章では、ドラゴンズがこれからさらに強い球団になっていくために、どうすればいいのか私見を述べさせてもらえればと思います。特に、ドラゴンズは「不気味だ」というイメージのほかに、「万年Bクラス」というイメージもあるでしょう。ぜひそこから脱却し、強いドラゴンズになってほしいと思うからです。

投手力の強いチームは毎年、安定した力を示しています。つまり、逆の観点から言わせると、ドラゴンズも「投手力が強いチームは苦手」ということになります。

近年でいえば、ジェフ・ウィリアムス、藤川球児、久保田智之で形成した「ＪＦＫ」が盤石だった２００５年から２００８年までの阪神には勝てませんでした。

星野さんが監督となりリーグ優勝を果たした２００３年から着実に戦力をアップさせ、今日の強さとなった阪神ですが、それ以前は言い方としては悪いですが、現在の広島や横浜のように「優勝するためには絶対に取りこぼしてはいけないチーム」でした。私自身、巨人戦の登板が中心でしたが阪神戦でも投げることは当然のようにありました。巨人の場合は負けたとしても最終的に勝ち越せばいい、という感覚で投げていましたが阪神となると絶対に負けてはいけない、という思いが強かったものです。そのため、負けてしまうと個人にもチームにもダメージが大きかったのを記憶しています。

ですが、岡田監督となりＪＦＫが完成してからの阪神は全く違うチームへと変貌を遂げました。ドラゴンズ同様、「6回までリードしていれば勝てる」という自信、特に甲子園だと球場全体がそのような雰囲気となり、ドラゴンズの選手たちもさぞ戦いづらかったことでしょう。

それは対戦成績を見ても明らかです。優勝した2006年こそチームの勢いが勝り14勝7敗1分と大きく勝ち越すことができましたが、2005年、2007年は勝率を5割近くにするのがやっと。それもＪＦＫを出される前にゲームを決められてしまったことが多かったと思います。2008年に至っては6勝17敗1分と完膚なきまでに打ちのめされました。結果的にこの4年間で42勝47敗3分と負け越し。一方で、ＪＦＫが「解体」し打撃チームへと変わっていった2009年以降は14勝10敗、2010年は13勝9敗2分といずれもドラゴンズが勝ち越しています。

阪神とは対照的に、毎年のように苦手意識を抱いてしまうのがヤクルトです。

高津臣吾さんからはじまり五十嵐亮太、石井弘寿、現在の林昌勇と、抑えだけ見てもこの20年間は誰かがしっかりと役割を果たしています。

現に林が加入してからの対戦成績は、JFKの阪神よりもひどいものです。2008年は9勝13敗2分、2009年は11勝13敗、2010年は8勝15敗1分。3年間の通算28勝41敗3分と惨憺《さんたん》たる内容です。

しかし、リリーフ陣だけでドラゴンズが苦手意識を持っているわけではありません。近年のヤクルトは毎年のように打線が変わるためデータを揃えにくい。打者たちが若いこともあり、ドラゴンズ投手陣に怖さを抱いていないから初球からどんどん振ってくる。

ロングタームで振り返れば、ヤクルトはドラゴンズと似たところがほかにもありました。それは野村克也監督の存在です。

とにかく心理戦に持ち込むのがうまい。何を考えているのかまったく分からない。現在の落合監督もメディアを巧みに操っている部分がありますが、野村監督は容赦がありませんでした。

それに加えて、野村監督が現役時代に行っていた〝ささやき戦法〟は捕手の古田敦也さんもやっていましたし、投手が投げる瞬間に「フォークだ！」とベンチで一斉に叫んだり、相手の癖を盗むのもよくやっていました。そういった点では、ドラゴンズにとって「不気味」なチームだったのがヤクルトでした。

このような例でも分かるように、ドラゴンズは打撃重視といった自分たちとは正反対のチームには強いが、カラーが似ているチームには弱い。

こういった圧倒的に苦手なチームを少なくしていくことが求められます。

若手野手に欲しい「自覚」

ドラゴンズには自覚がある選手が多いとは、前に話しましたが、野手に関して言えばもうひとつその自覚をレベルアップしてほしいと思っています。

2010年シーズンを見ても分かるように、打撃陣は多くの得点を挙げることができず、投手に頼りっぱなしだった一面があります。得点力不足を解消するには、なんといっても若手の野手の台頭こそ、望まれます。そのためにも、まだドラゴンズのレベルの「自覚」に届いていない若手に奮起を促したい。

本人には厳しいようですが、今のドラゴンズですと平田がいい例でしょう。現在の彼は、ロッテの西岡剛と日本ハムの中田翔とともに自主トレを行っています。3人とも私の高校の後輩ですし、その縁もありみんなで行っているのでしょうが、平田は将来、どんな選手になりたいと考えているのでしょうか。本心は分かりませんが、少なくとも今のままではチームが求める選手にはなれないでしょう。

落合監督が、「あれだけバットが振れるのは平田しかいない」と絶賛して2005年のドラフトで単独1位指名したように、平田にはいずれクリーンアップを打ってもらいたいと首脳陣は考えているはず。

本人もそれを自覚しているでしょうが、ならば、なぜ西岡と自主トレをするのか？

もちろん、西岡はプロ野球界を代表する素晴らしい選手です。一生懸命努力もしますし、その過程で得たプロとして生きていくための秘訣は持っているでしょう。であれば、平田はそれを活かすことができているのでしょうか。聞いていたとしてもプレーに活かせていないのでしょうか。そもそも西岡は足を活かして出塁する、いわば平田とはまったくタイプが違う打者です。

だったら、同じ高校のOBである西武の中村剛也のところへ行けばいいのでは、と私は思います。彼は2008、09年と2年連続でパ・リーグの本塁打王になっており、日本人では一番のホームラン打者です。ドラゴンズが平田に求めている長打力に磨きをかけるには、もってこいの選手といえるでしょう。それに、中村がタイトルを獲れるほどの打者になれたのにはきっと明確な理由があるはず。そこを高校の後輩として「教えてください！」と真剣に願い出れば、いくら中村でも無下には断らないでしょう。

平田自身、もし、先輩である西岡に気を使っているだけで自主トレを一緒にしているなら、来年からは人を替えたほうがいい。西岡にしても、ちゃんと理由を説明すれば分かってくれるはずです。

誤解のないように言いますが、西岡との自主トレがよくないというわけではありません。ただ、同じようにやっていても結果が出ないなら、替える勇気も必要だということを伝えたいのです。平田への期待はそれ程大きいですし、幸運なことにうってつけの選択肢があるのですから。

自主トレは遊びではありません。その年の自分がどのように成長していくかを図るうえで最も重要な時期です。平田に限らず、他の若い選手についても他球団の選手とともに行うのは構いませんが、明確な目的意識をもってやってほしいものです。

自主トレといえば、もうひとつ疑問に思うことがあります。最近、海外の暖かい地域に行く選手が増えていますが、私から言わせれば「なぜ無駄なことを」と感じるのです。

理屈は分かります。2月のキャンプインに備えて体をしっかりと作りたい。そのためには寒い日本よりも暖かい場所を選ぶ。しかし考えてもみてください。いくらそこで万全なコンディションにしても、2月には沖縄とはいえ海外よりも寒い場所へ戻ってくるのです。そこで自主トレと同じように体を動かせば故障する可能性も出てきます。キャンプだけならまだしも、オープン戦や開幕戦直後となるともっと寒い地域で試合をすることになります。ますますパフォーマンスが下がるのは言うまでもないでしょう。

ドラゴンズでいえば川上がいい例です。彼は毎年サイパンで自主トレを行っているため、キャンプ直後での仕上がりはいいですが、ゲームになると思うような結果を出せない。耳にしたことがある人もいるでしょうが、よく「川上はドーム球場以外では勝てない」と言われていました。事実その通りです。ブレーブスへ移籍した２００９年、特に２０１０年など顕著ですが、屋外球場の多いメジャーリーグで思うような結果を得られていません。アメリカ西海岸は日本よりも暖かいですが、東海岸となると開幕時期でも日本でいう冬に等しい寒さの日があります。

温暖な地域で自主トレを行うことを完全に否定するわけではありませんが、このようにシーズンでのパフォーマンスが出ない理由をもっと考えれば、おのずと改善策は見つかるはずです。

これまでは自主トレを中心に説明してきましたが、最近の選手は昔とは違った選手が多く、もうひとつ自覚が足りないと思うことがあります。

今の選手は、シーズン中は球場で練習すればいいと思っています。和田、井端、荒木、森野あたりならそれでもいいでしょうが、若手はそれではいけません。私が現役時代のとき、当時若手だった中村さんや立浪さん、大豊泰昭さんまで、毎日、球場へ行く前にドラゴンズ寮に併設されている室内練習場で、ピッチングマシンを相手に打撃練習をしていました。

なぜか。それは、球場での特守や特打はベテランの選手がやるものだったからです。それに、特守や特打をするのに、どれだけの裏方さんが動かなければいけないか、ということを分かっているからです。ですから立浪さんや大豊さんは自分たちでマシンにボールを入れ、打ち終われば自分たちで集める、ということを当たり前のようにやっていました。

投手陣の私たちも同じです。打撃練習こそ打者ほど行いませんでしたが、バント練習はしっかりとやって球場へ行っていました。なぜなら、ゲームで失敗したくないからです。ちゃんと走者を送ることができなければ、当然、コーチや監督から「お前、練習してんのか!」と怒鳴られる。そこで「すみません、やっていませんでした」とは言えません。

プロとしての自覚。これは、「選手の気質が変わったから」で済まされることではないと思います。昔も今も、結果を出せなければクビになるのがプロ野球の世界。そうならないために自分が求められていることは何か、そのために何を今すべきか、ということを考えながら若手の野手にはやっていってもらいたいものです。

ドラゴンズの野手は長年、固定されています。若手が入る余地がないと感じるかもしれません。それでも、そこからレギュラーを奪ってやるという気概と自覚を持ってほしい。これまでの選手もそうやってチャンスを摑んできたのですから。

豊富な投手陣の維持を

最近の先発投手を見ていてとても気になることがひとつあります。それは、球速が落ちていくのが極端に早いことです。落合監督をして「暴れ馬」と言わしめたように、制球力が乏しくても常に150キロ近い速球を投げていた中田は、この1、2年で平均球速が5キロ以上遅くなったと感じます。吉見にしても2009年までは140キロ後半をコンスタントに出していたのに、2010年に入って140キロ前半に落ちています。特に吉見に関しては、もともと制球力に優れた投手のため余計に気がかりです。中田のように制球力を重視してスピードを抑えている場合もありますし、球速が落ちていてもある程度抑えている吉見はさすがと言えますが、将来のことを考えればやはり懸念がないではありません。

私は、その最たる原因は、「投げなさすぎ」にあると感じます。私の現役時代は、先発した翌日はノースロー調整のため軽くキャッチボールやランニングをする程度でしたが、翌々日からも私たちは早速ブルペンに入って肩慣らしをしたものです。中6日のローテーションであればその日の体の状態と相談しながら、それでも2日目、3日目、5日目、もしくは2日目、4日目、5日目と、特に春先は力加減や球数に違いはあるにせよ、3日間はブルペンで投げていました。夏場は体力の消耗が激しいため、2日になる日もありましたが、極力スタミナが落ちないように春には無理をしてでも投げる。だから、シーズン通して同じパフォーマンスを続けることができたのです。

ところが、今の先発投手は、先発した翌日は完全オフ。ブルペンにも中6日のうち一度しか入らない投手がほとんど。なぜ、メジャーリーグの球団が投手に投球制限を設けているかというと、数多くの試合に投げてもらいたいからです。日本の先発投手は中6日が当たり前ですが、メジャーでは中4日が当たり前。しかも1試合100球が目安と明確ですから選手も調整しやすい。でも日本の場合は、2回50球でノックアウトされる日もあれば9回130球で完投する試合もある。それなのに、一度しかブルペンに入らないのでは、投げる筋力が衰えてしまうばかりです。

かつてドラゴンズでは川上がその典型でした。肩に不安があったこともありますが、川上はシーズンに入るとほとんど投げ込みをしませんでした。当時のコーチたちもその点については指摘していたみたいですが、それでも改善できていなかったようです。

だから川上はよく夏場にバテてしまうのです。ゲームでのペース配分は分かっていても、シーズン通してのそれは理解していない。肩は消耗品ですが、大事にしすぎて使わなければ車のエンジンと一緒で円滑に機能しなくなる。毎日、適度に動かしてあげることが大事だと思っています。

一方で、中継ぎ投手陣は連日のようにブルペンに入るため年間を通して球速も落ちずに投げられるのです。もちろん、岩瀬のように10年以上60試合近くを投げていれば、多少球速も落ちることがあるでしょう。しかし、2、3年しか投げていない投手の球速の落ちは心配です。

いくら春先のキャンプで、「今日は200球投げました」「1週間連続でブルペンに入りました」といったところで、シーズンの大事な局面である夏場に体力がなくなってしまったら意味がありません。プロの先発投手は、長期的なプランをしっかりと作り日々投げていかなくてはならないのです。

ちなみに私がこんなことを言うと、「お前は投げ過ぎで肩を壊したんだろう」と言われそうですが、そうではありません。本当の理由は心にしまっておきますが、投げ過ぎで肩を壊したわけではないことを記しておきます。

フロントは魅力ある球場作りを

先にも述べたように、ドラゴンズのフロントは現場に権限を委ねてくれ、以降もしっかりと受け入れてくれる度量の深さがあります。それは非常に良いことなのですが、提案したいこともあります。それは、もっとドラゴンズの試合を見に来てもらえるような努力をしてほしいということです。
ドラゴンズの観客動員は年々落ちています。２０００年から２００９年までの過去10年間の主催試合の観客動員数前年比率を見てみましょう。

２０００年　－２・４％（12球団中8位）
２００１年　－２・４（12球団中7位）
２００２年　－０・７（12球団中6位）
２００３年　－２・８（12球団中9位）
２００４年　－０・３（12球団中7位）
２００５年　－２・０（12球団中2位）
２００６年　＋５・０（12球団中4位）
２００７年　－０・３（12球団中10位）
２００８年　＋１・６（12球団中7位）
２００９年　－５・３（12球団中11位）

ご覧の通り、前年よりも観客が増えた年は２００６年と２００８年のみ。12球団の順位でもほとんどの年が下位です。

ドラゴンズファンの目はとてもシビアです。シーズン序盤に「今年はダメだな」と感じれば球場には足を運ばなくなるし、逆に２０１０年のように終盤まで優勝争いを演じていれば観に来てくれる。そんなファンの目線は選手にとっても励みになりますが、球団としてはそれではダメだと思います。

毎年優勝するように頑張ればいいじゃないか、とフロントは言うかもしれません。しかし、どんなに的確な育成や補強をしても、ベストな采配、ゲームプランを組めたとしても簡単に勝たせてくれないのがプロスポーツの世界です。確かに、お話ししてきたように、監督も選手もメディア受けするようなリップサービスはしません。けれど、それは優勝するという明確な目標があるからこその行動であり、それは現場の人間の本分です。私は、選手、監督の仕事は勝つことだと思います。そして、フロントは「ファンが球場へ来てもらうように努力すること」が仕事ではないでしょうか。ぜひ「フロント主導」のファンサービスをお願いしたい、そう思っています。

では、実際にどのようなことをしていけばいいのか？　それについては私が口出しできるわけがありませんが、経験則から言わせていただければナゴヤ球場時代のほうが明らかに人は入っていました。そこには球場の広さなど物理的な要素も絡んできますが、ナゴヤドームと違って熱気が終始漂っていた。

それはきっと選手を間近で見ることができたから。特に投手でいえばナゴヤ球場のブルペンはグラウンド内にあった。ゲーム前でもゲーム中でも、そこで投手が投げていれば、「今、今中が投げている。山本昌が出てきた。あ、郭だ！」といったように、ずっと新鮮な気持ちで観戦することができたと感じています。今、私が一ファンとしてナゴヤドームへ足を運んだとすれば、せっかく来たのだからひと目でいいから人気選手である浅尾や岩瀬の投げているところを観てみたい。ゲームで観られればベストですが、ブルペンでの姿を拝めただけでも納得して家路につくでしょう。

しかし、ナゴヤドームのブルペンは球場の建物内にあるため、もしかしたら見られない日があるかもしれない。仮に年に一度しか球場へ来られない日に浅尾や岩瀬が投げなかったら、ドラゴンズが勝ったとしても嬉《うれ》しい反面、悲しさも出てくることでしょう。

確かに、この球場はコンサートなど多目的施設として作られたため、今更ブルペンを設置するのは不可能に近いでしょう。仮にそれができたとしても、その分、今まで以上に警備員を増員させなくてはいけないなど出費は増えていくでしょう。

ブルペンがグラウンド内にあることで選手にもプラスに働くことがあります。それは投手の緊張感です。私もそうでしたが、ファンが見ているなかで準備をするとものすごく緊張感が高まりました。自分で意識しなくても、ブルペンに行っただけでスイッチが入るのです。しかし今は、中にあるため登板するまで実際に何をしているか分からない。もしかしたらほとんど投げていないかもしれない。外にあればそんなことはできない。ファンが見ている前では、選手は常に全力を出さなければならないからです。

私が言いたいのは、球場とファンがもっと一体になれる環境をフロントに作ってほしいということ。

甲子園球場などそのお手本のようなもの。選手のほとんどが「あの球場だけは特別な雰囲気だ」というように、実際にマウンドへ上がると本当に地響きがしてきます。ファンが熱狂的ですから、阪神がいくら点を離されていても2死一塁なら大チャンス。ヒットなら当然、四球でも大騒ぎ。それだけファンは一喜一憂しているのです。

ほかにも、球場に来た人だけ限定のグッズを作るなど、行けば特別な時間が過ごせる、と感じさせるような仕掛けもしてほしいと思います。巨人のようにタオルを配ったり、その方法はいろいろとあるでしょう。実際、私が現役の時、自分の登板の日限定のグッズを作って配ったこともありました。

東海の野球熱は関西の阪神ファンに負けないほど高いと確信しています。中日ドラゴンズを愛してくれる方たちのためにも、もっともっとナゴヤドーム全体が盛り上がれるような仕掛けをフロントには精力的にやってほしい。もちろん、そのために私たちOBができることがあれば、いくらでも協力したいと思います。

偉そうなことを言ってしまいましたが、ドラゴンズという魅力的なチームをもっと知ってもらいたい、そう願う私が思うのはそれだけです。

【特別収録】

川相昌弘×中村武志×今中慎二

「鼎談 外から見たドラゴンズ、内から見たドラゴンズ」

今中　まず、現役引退後も現場を経験されているおふたりにとって中日の強さはどこにあるのと感じていらっしゃいますか？

中村　一番感じているのは、やっぱり「ピッチャーがいい」ということですよね。今中や山本昌さんをはじめ、歴代の中日には柱になるピッチャーが必ずいる。

川相　確かに、それは僕も感じるところだね。自分が子供のときから鈴木孝政さんや小松辰雄さんとか、核となるピッチャーは必ずいた。（川上）憲伸や落合英二、岩瀬（仁紀）といった「勝利の方程式」も毎年のようにあるしね。僕が中日に入った年に、就任したばかりの落合（博満）監督が、「現有戦力を10％底上げできれば優勝できる」と言って補強をまったくしなかった。外から来たのは、僕と横浜のドミンゴくらいでしょ。それで本当に優勝できるということは、やっぱりピッチャーに自信を持っていたからだと思う。

中村　でも、ピッチャー不足の時期もあったんですよ。1993、94年あたりなんですけど、本当に今中と山本さんしか先発がいなくて。でも、そのころのふたりは人間離れしたピッチングをして、とんでもない成績を残してくれたんで助かったんです。その後に野口（茂樹）が育ってくれたり憲伸が入ってくれたりしてくれたんで、大事には至らなかったんですけどね。

川相　中日のピッチャーがいいのは伝統だと思うよ。自分がこのチームで指導者になって感じることだけど、二軍にいるピッチャーも他の球団に比べるといいものを持っていると思うもん。そこにはスカウトの人たちがしっかりと選手を見て、チームカラーに合った選手を獲ってきていることもあるだろうし、そういうことの積み重ねが今の中日を作ってきたんだろうね。だって、高卒1年目から平気で投げさせるでしょ。

今中　近藤（真一）さんとか（笑）。

川相　そうだね。巨人は初登板でノーヒットノーランやられちゃったし（苦笑）。

中村　今中のときは僕、覚えているんですよ。ドラフトの少し前に中日は秋季キャンプをやっていたんですけど、そのときに星野（仙一）監督やスカウトの人たちが今中のビデオを見ながら「ドラフトで指名しようと思っているんです」と話し合いをされていて。僕も呼ばれてそのビデオを見たときに、「体が細いな」くらいの印象しかなかったんですけど、後日、星野監督が「何とかして絶対に獲ってくれ！」とすごく惚れ込んでいたみたいで。僕には何がよかったのか分かりませんでしたけど（笑）、素質を見込まれたんでしょうね。

今中　いや、でも僕からすれば「なんでドラフト1位なん？」って思っていましたよ。甲子園に出ていないし、最後の夏も予選であっさり負けてしまったし。僕は、甲子園で活躍した立浪（和義）さんや近藤さんのようにスポットライトを浴びて入ったわけではないんで、「自分は陰のドラフト1位や」みたいな感じですごく気楽だった。実際にも、「お前は体が細いから3年は二軍で鍛えろ」とか言われてましたし。だから、5月になっていきなり「一軍だ」とか言われてびっくりしましたね。

中村　これは今も言えることだけど、中日の場合は「高卒だから一から鍛えなおす」という感覚はあんまりないんですよ。今中がいた時期にしても、当時の星野監督は「いいものはいい。だから一軍で投げさせよう」という方でしたから。これは横浜に行って気づいたことなんですけど、いい高卒選手が入ってくると「故障したら先がないから」という理由で一軍に上げないケースが多いんですよ。僕がいたころ、今、横浜で抑えをやっている山口（俊）が新人で入ってきたんですけど、春のキャンプでボールを受けるとすごくいいものを持っている。だから、首脳陣に「山口を使ってみたらどうですか？」と進言したんですけど、そのような理由ですぐに一軍には上げなかった。「もったいないな」とそのとき思いましたね。だって、1年目でも10年選手でも、一軍でも二軍でも、試合に出る以上は怪我をすることってあるじゃないですか。だから、いいものはすぐに使っていかないとチームも選手も成長しないんですよ。その点、中日はいい選手はどんどん1年目から一軍の試合に出していましたから、自然と今中のような選手が増えていくんだと思います。

川相　それはピッチャーに限らず言えることだと思うよ。我々は3人とも高卒なわけだけど、プロは入ったらドラフトの順位も年齢も関係なく「やったもん勝ち」の世界でしょ。僕はドラフト4位で、しかもピッチャーから野手に転向した選手だったけど2年目の4月には一軍に上げてもらった。首脳陣も最初から即戦力だとは思っていなかっただろうけど、何かいいものがあったから一軍に上げてもらえたわけだし。そうなると、「体ができていない」「自分の力はまだプロのレベルじゃない」なんて言っていられない。プロの世界は立ち止まったらおしまいだからね。やれるときにやらないと。

今中　川相さんは巨人、中村さんは横浜、楽天を見てきていますが、他球団と中日の投手力の違いってどこにあると感じますか？

川相　巨人でいうと、リリーフと抑えが固定されていないところだろうね。先発の数は例年揃っているけど、リリーフと抑えは自分がいたころだと石毛（博史）とか橋本（清）、それに河原（純一）と、誰も巨人に残っていないんだよね。だから、今でいうと豊田（清）やクルーン、小林雅英とかよそのチームから獲ってくるしかない。中日の場合は、高橋（聡文）、浅尾（拓也）、岩瀬がしっかりしているし、その前だって落合英二とか、20年くらい前からピッチャーの役割分担ができている。今の巨人の中継ぎはしっかりしていると思うけど、抑えに関しては生え抜きがずっといないわけですから、そこを育てていくのが課題かな、と。

中村　楽天に関しては球団が創設した05年の1年しか見ていないから正直分からないけど、横浜に行って気づいたのは、さっきの山口の例じゃないですけど一軍レベルのピッチャーが二軍にいるし、逆に二軍レベルの選手が一軍にいる。よくわからないラインアップでしたね。極端に言えば、「中日の二軍でも横浜なら一軍で通用するんじゃないか」

と思えるくらいで。経験や実績に頼りすぎで、「いいものは使う」という考えが足りないから勝てないのかな、と感じましたけどね。

今中　僕や中村さんをはじめ、中日には「打倒巨人」という永遠の目標があるわけですが、巨人に在籍されていた川相さんにとって中日はどんな存在でしたか？

川相　「毎年、上位にいる強いチームだ」という印象はずっとあったね。時代、時代でいうと、85年前後の阪神なんかは強力打線でものすごく強かったし、それ以降も大野（豊）さん、川口（和久）さん、北別府（学）さんがいた広島とか野村（克也）さんが監督だったヤクルトとか強いチームはあったけど、その後は順位が上がったり下がったりと波があるわけじゃない。でも中日の場合はそれがない。常にAクラスにいる、毎年平均して手ごわいチーム。それが、自分が抱いていたイメージだった。

今中　星野監督の時代は、巨人戦となると試合前にも「相手と話をするな」と言われていたものですけど、巨人はそういうことはありませんでしたか？

川相　そういうことは言われていなかったけど、でもあの当時ってどの球団も試合前は喋らなかったよね。禁止ではなかったけど暗黙の了解というか、「これから戦う敵と仲良く喋るもんじゃない」みたいな雰囲気があったよね。特に中日の場合は、監督が星野さんだからね。「怖い」というイメージがどうしても先行しちゃって（笑）。なにかあるとすぐ乱闘になりそうな雰囲気を常に漂わしていたじゃない。ジャイアンツ戦になると、ライバル心と闘志をむき出しにしながらベンチに立っていてさ。威圧感がものすごかった。

中村　僕なんかキャッチャーでしたから、極端な話、「インコースのサインを出せ。バッターに当てさせろ！」みたいなことはしょっちゅう監督に言われていましたよ（笑）。若いころは、「いいから当ててこい！」と言われてもその意味がよく分からなかったんですけど、監督からすれば「そのくらい厳しく攻めないと巨人には勝てない」と教えるために言ってくれていたんでしょうね。経験を重ねていくうちにそのことに気づきました。本当に巨人に対しては「絶対に勝て！」だったんですよ。巨人に勝つために、そのくらい極端な野球をしていたことで僕をはじめ選手が成長することができたし、チームも自然とAクラスにいられるようになったのかな、とは思いますね。

今中　自分も巨人戦だと、カウント0-2なんかになったら本当にお手上げでしたからね。打たれてベンチへ戻ると監督からガンガン蹴られるから（笑）、頭のなかが真っ白になって。「やべぇなぁ」って結局、ボールを置きに行っていたくらいですから、最初のほうは。だんだん、余裕を持って投げられるようにはなりましたけど、なんでそうなったかは自分でもよく分からないくらいで。きっと経験を積んだからなんでしょうけど。

中村　川相さんがバッターボックスに立ったときもそうですよ。ランナー一塁とかで絶対にバントしてくるじゃないですか。僕らからすれば「失敗しないだろうな」と思うから、あっさりとバントさせるんですよ。でも、後々お話を聞いてみると、「多少は緊張するよ」と言っていたじゃないですか。

川相　そりゃあ、緊張するよ。バントなんて必死こいてやっていたからね。

中村　でも、一般的には、監督が常に怒っている星野さんだったこともあって、「中日は厳しいチームだ」みたいなことを言われていましたけど、僕らからすれば一番厳しかったのは巨人じゃないか、と。あのころの中日は試合に負けると外出禁止令が出ていましたけど、巨人もそうだったと聞きましたし、服装とか細かいところもすごく指導されていたみたいですよね？

川相　どうだろうなぁ？　外出禁止はもちろんあったし、というか負けたら外には出られなかったよな。遠征先だとどうしてもホテルの外で食事しなきゃいけないから出るけど、それでも負けた試合だと裏口からこっそり出ていくみたいな。

中村　そうですよね！　また横浜の話になって申し訳ないんですけど、負けても「行ってきます！」と堂々とホテルの正面から出る選手が多かった。選手は責任感を持ってプレーしてはいるんだろうけど、そのあたりをチームとして自重していかないと勝つ集団にはならないだろうな、とは感じました。

川相　僕らの時代は遠征先での門限も厳しかったよ。ナイターの日でも夜の12時。試合が終わるのが9時ごろでホテルに戻るのが10時過ぎだから、自由時間は2時間ないくらいだった。だから、すぐご飯を食べていったん戻ってくる。マネージャーが各部屋を回って点呼するからね、「いるか？　顔出せ」って。そのうち、部屋は回らなくなったんだけど、今度は12時近くになるとロビーの前で座って待っている（笑）。それに、武志が言うように髪型とか服装も厳しかったよね、やっぱり。先輩はもちろんだけど、一軍、二軍の監督、コーチ、それに選手寮の寮長も含めて目上の方たちからは野球の技術以上に厳しくされていたから。本当にうるさく言われた（笑）。

中村　中日は今でも「茶髪禁止」だと思うんですが、寮長も厳しかったんですか……うちはそこまでではなかったなぁ。

川相　最近の巨人の若い選手は後ろ髪を長くしている子もいるけど、中日は今でもちゃんとしているよね。僕がドラゴンズに来て思ったのが、当時の最年長クラスは立浪だったじゃない。彼はしっかりしていたもんね。若い選手の服装とかが乱れていたら怒っていたし、PL学園のOBということもあって他球団でも後輩には厳しく言っていたのを覚えている。だから、今の年長者である井端とか岩瀬もしっかりしているじゃない、見た目から。それは中日の素晴らしい伝統だと思うんだよね。他球団の若い選手にも見習ってほしい。

中村　本当にそうです。そういう厳しさがないと絶対にダメですよ！　チームはまとまらないです。やっぱり、球場内外での指導が行き届いているから、いざとなったときにチームもまとまると思うんですよね。僕らも3連敗とかしちゃったら選手だけで集まってミーティングしていましたけど、決して強制じゃないんですよ。自然と、みんなが率先してやるんですよ。横浜みたいに「明日から切り替えていこう」みたいなお気楽な感覚じゃなくて、そこでみんな真剣に負けた理由とかを話し合ったりしましたもん。でも……それでも最後には巨人に勝てないんですよね、中日は。何かひとつ足りないんでしょうね。いつも最後の最後で勝てない、優勝できない……。

今中　代表的な例だと、それは間違いなく94年の「10・8決戦」になるでしょうね。あの年の中日は巨人と五分五分の成績だったはずですが（12勝14敗）、あの試合での巨人の集中力は明らかにいつもと違っていた。

中村　確かに、あの年はうちが有利だと思っていました。試合はナゴヤ球場だし、チームの雰囲気も悪くなかったから「もしかしたら勝てるんじゃないか」と。

川相　こっちとしてはね、ものすごいピリピリムードだったからね。前日なんて、自分たちから外出しなかったくらいだから。多分、選手全員が自粛したのって、あの日が最初で最後だったんじゃなかったかな？

中村　中日は自粛しなかった（笑）。「そのくらいが逆にいいんじゃないか」ってみんな思っていたんじゃないかな？

今中　前日にミーティングしたことすらあんまり覚えてないくらいですよ、僕なんか。みんなは申し訳なさそうに「明日、投げてくれないか」とお願いしてくれたみたいだけど、それすらよく覚えていない。自分としては「投げるだろうな」と思っていたし、疲れていたけど「嫌だ」とかはまったく思いませんでした。プレッシャーなかったですから。

川相　本当？　それはすごい。あのときは巨人が2位に最大で10・5ゲーム差をつけていて楽勝ムードだったんだけど、シーズン終盤に崩れていく間に中日が9連勝とかでどんどん追いついてきて。もし、優勝できなかったらえらい目に遭う。「負けたら東京に帰れない」くらいの気持ちだったから。とにかく「打つしかない」と必死だったよね。

今中　僕は結構、冷静だったと思うんですよ。三塁側の観客席でイチローが焼きそばを食べているのを見て「ああ、来てるんか」とか、いつも通りの感覚やと思っていたんですけど。ただ、僕はいつも初回の先頭バッターの初球には必ずストレートを投げるんですけど、中村さんのサインを無視してチェンジアップを投げたんですよ。今思えば無意識のうちに緊張していたんでしょうね。しかも、あのときの初回の巨人は不気味やった。最初からランナーを背負ってなんとか無失点に抑えて、「うわ、しんどいな」というのがいつものパターンなのに三者凡退。しかも、普段は絶対にないのに川相さんが見逃し三振して。「巨人は何を考えているんだ」と逆に不気味でしたよ（笑）。

川相　何を考えてるって……打つことしか考えていなかったと思うけどね（苦笑）。でも、見逃し三振はまったく覚えてないなぁ。

今中　最初のほうは覚えているんですよ。落合（博満）さんに先制ホームランを打たれたりして2点を取られましたけど、それでもまだ「こんなもんや」と平気で。すぐに中日が中村さんのタイムリーで同点に追いついて僕がバントを失敗して、その後に中村さんがアウトカウントを間違えて二塁でアウトになったことも覚えてる（笑）。

中村　タイムリーを打って舞い上がっていたんだよ。本当はワンアウトだったんだけど、1番の清水雅治さんが三振してチェンジだと思った。それで喜んでベンチに帰ろうとしたら、キャッチャーの村田真一さんが二塁に投げてきて「あ！」と（笑）。生まれて初めて。ランナーとしてアウトカウントを間違えたなんて。自分もね、あの試合で覚えていることといったらせいぜいそのくらい。

今中　僕は、3回に落合さんにどん詰まりのライト前タイムリーを打たれて完全に気持ちが切れた。打たれたの、いいボールだったんですよ。それをホームランならまだしも、打ち取ったと思った打球が運悪く野手の間に落ちてしまって。

川相　そのときのセカンドランナーが僕だよ。ギリギリのタイミングだったけど武志のタッチをかいくぐってホームインして。実はあのゲームで初めての3割がかかっていたんだよね。ヒット1本出れば3割を超えられたんだけど、それがあの回のライト前だった。それで気持ちが楽になれたから結構、覚えているかな。9回に打った「幻のホームラン」って記憶にある？

中村　いや、覚えていません。

今中　僕が降板した後で覚えているのって、落合さんが守備で太ももに肉離れを起こしてコーチかトレーナーにおんぶされながらベンチへ下がったのと、立浪さんが一塁にヘッドスライディングして左肩を脱臼したことくらいですかね。勝ち越された後、村田さんとコトーにホームランを打たれたことすら覚えていないですもん。

川相　あれはね、センターフェンスの金網の上にボールが当たってからバックスクリーンに跳ね返ってグラウンドに戻ってきたの。実際、あれ絶対にホームランだったんだけど、二塁塁審が「セーフ！」って叫んでいたから三塁まで走ったわけ。長嶋（茂雄）監督、かなり抗議していたからね（笑）。

中村 その執念ですよ！　結局、中日が負けたわけですけど、後から考えれば勝てないはずです。だって、巨人が投げたのはみんなエースですよ。槙原（寛己）さん、斎藤（雅樹）さん、桑田（真澄）と先発三本柱が投げたわけですし、事前に新聞でも「巨人は三本柱が投げる」と散々脅迫されていたわけですから、中日も山本さんと郭（源治）さんがベンチにいたんだから投げさせるべきだった。状態の良し悪しじゃなくて「いいピッチャーを全部つぎ込むんだ！」くらいの覚悟がないとダメだったんですよ、あの試合は。そこが、中日が土壇場で勝てない理由だったんですよね。

今中 でも、最後はやっぱり運もあると思いますよ。落合さんに打たれたライト前だって、アウトだったらその後どんな展開になっていたか分からないし。

中村 それは感じる。昔も今も最後に勝つのはやっぱり運を持っているチームだろうね。

川相　あとはやっぱり集中力。シーズンを通して集中力を持続させるのは難しいことだけど、特に大事な時期の8月、9月の後半戦にどれだけ強い精神で戦えるかが重要だと思う。去年の中日だっていいところまでいったんだけど、2・5ゲーム差まで迫った8月の巨人との直接対決（25〜27日）で3連敗だからね！

今中　立て直しがきかなかったですよね、そこからは。94年も、巨人は夏場にこけたけどふんばったから、「10・8」までチームをもってくることができたわけだし。

中村　でも、シーズンの終盤で6連勝して直接対決にもってこられた96年の「10・6決戦」もそうだけど、最終的に中日は負けているんだけど、そういう厳しいシーズンを多く経験しているから低迷期がないんだと思う。

今中　勢いだけでAクラスになった年ってないですもんね。

中村　面白かったのが、98年に阪神の久慈（照嘉）と関川（浩一）がトレードで中日に来て「ありえないです！」って驚いていたこと。ふたりがいたころの阪神って「暗黒時代」と言われていたから、ある意味「負けても仕方がない」と思いながら試合をしていた部分があったと思う。でも、中日は「勝って当たり前」という考えが普通にあって、連敗といってもせいぜい3、4連敗でしょ。相当、戸惑っていたからね、最初。5月あたりに巨人と首位を争っていたときなんか、「こんな世界、初めてです」ってずっと緊張していた。今ではふたりの気持ちはすごく分かる。横浜が昔の阪神みたいだったから。物足りないんですよね。刺激がないというか。「こいつらは何を目標に戦っているんだ」みたいな。

川相　強いチームと弱いチームの違いはそういうところだろうね。中日や巨人はどんな戦力、チーム状態でも「優勝」の二文字しか頭にないから常に緊張感を持って戦える。

今中　現在の落合監督についてですが、リーグ優勝3回に日本一1回と着実に常勝軍団を築き上げてきています。監督が就任した04年から選手、首脳陣としてチームを支えた川相さん、二軍コーチの中村さんから見た「落合野球」とはどのようなものですか?

川相　よく、「今の中日は不気味だ」とか周りからは言われているけど、それは落合さんがあまり喋らないからだと思う。自分が喋ることによってある程度の情報って流れたりするじゃない。それをなるべく避けているのかな、と。マスコミが「何を考えているか分からない」となれば、当然、相手チームにも分からないことだから。

中村　それについては、星野さんも高木さんも落合さんもやっていることは似ているのかな、と。ご本人の性格もあるだろうから言ったことが強く書かれるのか優しく書かれるのかの違いはあるけど、自分のチームの状態とかゲームの采配についてはあまり多くのことは話さない。中日のスタイルだと思いますね。

今中　落合監督って、ゲームではものすごく細かいところを見ているじゃないですか。たとえば、サードの森野（将彦）が三塁線寄りに守っていたことで、定位置のボテボテの打球が内野安打になってしまったりすると、「なんでその守備位置なんだ」と怒ることがありますよね。

川相　そう。選手には細かい野球を求めているよね。守備でいえば、球場で見ているファンが「捕れなくても仕方がないよな」と感じてしまうプレーでも、「スタートが悪い。一度、後ろにステップしてから前に出た分、遅くなった」とか。そういうプレーが目立つ藤井（敦志）なんか、「しっかりとプレーができないのは準備ができていない証拠」と、2010年には3回くらい二軍に落とされているからね。バッターにしても同じ。バントを結構させるんだけど、平田（良介）のような長距離タイプにもさせるから。彼なんかもオープン戦で失敗したから二軍に落ちているし。かといって、バスターエンドランのような大胆な采配もする。井端（弘和）が2番だったころだと、ノーアウト二塁の場面で普通なら送りかな、と思われるところでも「このバッテリーは絶対にインコースに投げてくるから引っ張れ」とか。細かい野球のなかにはちゃんとした根拠があって、それを選手には常に求めている。

今中　そういう指示は直接選手に？　それともコーチ陣を通じて？

川相　そんなに多くはないけど。選手、コーチ全員集めてキャンプの初日とかシーズン中にも数回はやる。だから、僕ら指導者も常にアンテナを張っていなければならないの。たとえば、井端と監督が話しているところで聞き耳を立てたり試合中にベンチで喋っている内容を頭に入れたりね。僕にではなくてもコーチ室で誰かと話しているときは一緒に話を聞かせてもらったり。それは監督も分かってやっていることだから、選手だけじゃなく僕らコーチも「油断はできない」と思いながらやっていたよね。

中村　確かに、一軍から二軍に落ちてくる選手っていうのは、川相さんが言ったように監督が求めるプレーがしっかりできていないからなんですね。星野監督はそこまで細かくはなかったけど、みんなに対して厳しかった……とてつもなく厳しかった（笑）。でも、そこは落合監督と一緒で間違ったことをしているから怒るわけで、しっかりと言われたことができていれば理不尽に怒鳴ることもないし二軍にも落とさない。やっぱりチームっていうのは、監督が「右を向け」と号令をかければ全員で向かなければいけないし、「こうだ」と掲げた野球に対してはそれを理解して選手はやらないといけない。中日は監督が代わってもずっとそれができているから強いんだと思います。

今中　僕は、今後、中日が巨人のように何度も優勝できるチームになるためには、連覇を経験する必要がある、と感じているんですよ。06年から2年連続で日本シリーズには出場していますけど、07年はシーズン2位でクライマックス・シリーズを勝ち上がったじゃないですか。そうではなくて、2年連続シーズン1位の完全優勝を達成することができたら、もちろん日本一なら言うことはないんですけど、壁を打ち破れるんじゃないかと思っているんです。Aクラスを毎年のように維持している中日ですけど、一番足りないのは「勝ち（優勝）グセ」なのかな、と。

川相　そうだね。ただ、僕がいた時代の巨人も連覇といったら89年と90年しかない。90

年に至っては日本シリーズで西武に負けているし、完全なV2じゃない。優勝した次の年って勝つのがすごく難しい。意識していなくても選手の気持ちのなかには「今年も俺たちが優勝だ」といった慢心もあるだろうし、逆にプレッシャーを感じる部分もある。それに、中日も05年と07年がそうだったように、優勝した翌年のシーズン序盤は、他のチームもターゲットをチャンピオンに絞ってくるからエースとの対戦も多くなる。そのなかで勝っていくのは巨人だって難しかった。でも、今中が言うように連覇は重要。前年優勝のプレッシャーをはねのけての連覇だから選手はものすごく自信がつくしね。僕が一軍のコーチだった09年は、巨人の完全V2の胴上げを目の当たりにしたじゃない。確かに強かったけど、本当に悔しかった。あんな光景は二度と見たくない。だから、中日も近い将来、巨人に連覇の胴上げを見せつけてほしいね。

PROFILE

川相昌弘（かわい　まさひろ）

1964年９月27日、岡山県生まれ。岡山南高校時代に２度の甲子園出場。83年ドラフト４位で巨人入りし、内野手に転向。不動の２番・遊撃手で、６度のゴールデングラブ賞、１度のベストナインを受賞。犠打数533は世界記録。2004年中日ドラゴンズに移籍。堅実なプレーで勝利に貢献した。06年引退。その後中日ドラゴンズの内野手守備コーチを経て10年には二軍監督に就任。この年限りで退団した。

中村武志（なかむら　たけし）

1967年３月17日、京都府生まれ。花園高校時代、強肩強打の捕手として注目を集め、85年にドラフト１位で中日入り。１年目から出場し、３年目にはレギュラーに定着する。また打撃でも91年に20本塁打を記録するなど強打の捕手でならした。2002年横浜ベイスターズ、05年東北楽天ゴールデンイーグルスに移籍しこの年限りで引退。06年から08年まで横浜でコーチを務め09年から中日のバッテリーコーチ。

おわりに

私がドラゴンズから「来年は契約をしない」と言われたとき。約1カ月の間、「投げたい、投げられる」という思いを捨てきれないでいました。

「他球団でもう一度挑戦しろ」

そう言って下さる先輩方もたくさんいましたし、実際に声を掛けてくれたチームもいくつかありました。悩みました。悩みに悩んだ末、結局、引退をすることに決めたのです。

「中日ドラゴンズの今中慎二でいたい」

そう思ったからでした。

ドラゴンズには、まだまだ知られていない魅力がいっぱいあります。それを少しでも、多くの方に知ってもらえれば、と思い本書を手掛けました。

披露させていただいた「ドラゴンズ論」は、あくまで私が見たドラゴンズであり、ほかの方が見れば、同じことでもまた違った色に見えるのかもしれません。それもまた、ドラゴンズの魅力だと思います。

本書を執筆するに当たってご協力いただいた方々に厚く御礼を申し上げます。コメントをいただいた落合博満中日ドラゴンズ監督、鼎談でご一緒させていただいた川相昌弘さん、中村武志さん本当にありがとうございました。

また、シーズン終盤の忙しい中、取材対応をしていただいた中日ドラゴンズ球団の広報部のみなさんにも御礼を申し上げます。そして、私を育ててくれた中日ドラゴンズに改めて感謝します。

最後に、ドラゴンズを支えてくださっているファンのみなさん。みなさんなくしてドラゴンズは存在しません。選手たちにとってファンのみなさんの声がどれだけ心強いことか！　本当にありがとうございます。そして、これからもドラゴンズをよろしくお願いします。

２０１０年10月　今中慎二

■中日ドラゴンズ年度別成績

年度	監督	順位	試合	勝利	敗北	引分	勝率
1936※	池田　豊		16	7	9	0	0.438
1936秋	池田　豊		26	12	14	0	0.462
1937春	桝　嘉一	7	56	21	35	0	0.375
1937秋	桝　嘉一	8	49	13	33	3	0.283
1938春	根本　行都	7	35	11	24	0	0.314
1938秋	根本　行都	4	40	19	18	3	0.514
1939	根本·小西	6	96	38	53	5	0.418
1940	小西　得郎	5	104	58	41	5	0.586
1941	小西·本田	6	84	37	47	0	0.44
1942	本田　親喜	7	105	39	60	6	0.394
1943	桝　嘉一	2	84	48	29	7	0.623
1944	三宅　大輔	4	35	13	21	1	0.382
1946	竹内·杉浦	7	105	42	60	3	0.412
1947	杉浦　清	2	119	67	50	2	0.573
1948	杉浦　清	8	140	52	83	5	0.385
1949	天知　俊一	5	137	66	68	3	0.493
1950	天知　俊一	2	137	89	44	4	0.669
1951	天知　俊一	2	113	62	48	3	0.564
1952	坪内　道典	3	120	75	43	2	0.636
1953	坪内　道典	3	130	70	57	3	0.551
1954	天知　俊一	1	130	86	40	4	0.683
1955	野口　明	2	130	77	52	1	0.597
1956	野口　明	3	130	74	56	0	0.569
1957	天知　俊一	3	130	70	57	3	0.55
1958	天知　俊一	3	130	66	59	5	0.527
1959	杉下　茂	2	130	64	61	5	0.512
1960	杉下　茂	5	130	63	67	0	0.485
1961	濃人　貴美	2	130	72	56	2	0.562
1962	濃人　貴美	3	133	70	60	3	0.538
1963	杉浦　清	2	140	80	57	3	0.584
1964	杉浦·西沢	6	140	57	83	0	0.407
1965	西沢　道夫	2	140	77	59	4	0.566
1966	西沢　道夫	2	132	76	54	2	0.585
1967	西沢　道夫	2	134	72	58	4	0.554
1968	杉下　茂	6	134	50	80	4	0.385
1969	水原　茂	4	130	59	65	6	0.476
1970	水原　茂	5	130	55	70	5	0.440
1971	水原　茂	2	130	65	60	5	0.520
1972	与那嶺　要	3	130	67	59	4	0.532

年度	監督	順位	試合	勝利	敗北	引分	勝率
1973	与那嶺　要	3	130	64	61	5	0.512
1974	与那嶺　要	1	130	70	49	11	0.588
1975	与那嶺　要	2	130	69	53	8	0.566
1976	与那嶺　要	4	130	54	66	10	0.450
1977	与那嶺　要	3	130	64	61	5	0.512
1978	中　利夫	5	130	53	71	6	0.427
1979	中　利夫	3	130	59	57	14	0.509
1980	中　利夫	6	130	45	76	9	0.372
1981	近藤　貞雄	5	130	58	65	7	0.472
1982	近藤　貞雄	1	130	64	47	19	0.577
1983	近藤　貞雄	5	130	54	69	7	0.439
1984	山内　一弘	2	130	73	49	8	0.598
1985	山内　一弘	5	130	56	61	13	0.479
1986	山内　一弘	5	130	54	67	9	0.446
1987	星野　仙一	2	130	68	51	11	0.571
1988	星野　仙一	1	130	79	46	5	0.632
1989	星野　仙一	3	130	68	59	3	0.535
1990	星野　仙一	4	131	62	68	1	0.477
1991	星野　仙一	2	131	71	59	1	0.546
1992	高木　守道	6	130	60	70	0	0.462
1993	高木　守道	2	132	73	57	2	0.562
1994	高木　守道	2	130	69	61	0	0.531
1995	高木　守道	5	130	50	80	0	0.385
1996	星野　仙一	2	130	72	58	0	0.554
1997	星野　仙一	6	136	59	76	1	0.437
1998	星野　仙一	2	136	75	60	1	0.556
1999	星野　仙一	1	135	81	54	0	0.600
2000	星野　仙一	2	135	70	65	0	0.519
2001	星野　仙一	5	140	62	74	4	0.456
2002	山田　久志	3	140	69	66	5	0.511
2003	山田　久志	2	140	73	66	1	0.525
2004	落合　博満	1	138	79	56	3	0.585
2005	落合　博満	2	146	79	66	1	0.545
2006	落合　博満	1	146	87	54	5	0.617
2007	落合　博満	2	144	78	64	2	0.549
2008	落合　博満	3	144	71	68	5	0.511
2009	落合　博満	2	144	81	62	1	0.566
2010	落合　博満	1	144	79	62	3	0.560

通算成績　4691勝4344敗301分 .519

データはすべて2010年シーズン終了時。（編集部作成）

今中慎二（いまなか　しんじ）
1971年3月6日生まれ。大阪府出身。89年、大阪桐蔭高校からドラフト1位で中日ドラゴンズへ入団。2年目から二桁勝利を挙げるなど、以降ドラゴンズのエースとして活躍。100キロを切るスローカーブと150キロに迫る速球を武器に、93年には沢村賞、最多勝、最多奪三振賞、ゴールデングラブ賞、ベストナインを獲得。その後、肩の怪我もあり、2001年シーズン終了後、現役引退。通算成績は91勝69敗、防御率3.15。現在はNHK、中日スポーツでプロ野球解説者として活躍。
講演などのお問い合わせは
03-5976-9167
㈱ベストセラーズ書籍編集部

ベスト新書 304

中日《ちゅうにち》ドラゴンズ論《ろん》
〝不気味《ぶきみ》〟さに隠《かく》された勝利《しょうり》の方程式《ほうていしき》

二〇一〇年十一月　五　日　初版第一刷発行
二〇一〇年十一月十五日　初版第二刷発行

著者◎今中慎二《いまなかしんじ》

発行者◎栗原幹夫
発行所◎KKベストセラーズ
東京都豊島区南大塚二丁目二九番七号　〒170-8457
電話　03-5976-9121（代表）　振替　00180-6-103083
印刷所◎錦明印刷
製本所◎フォーネット社
DTP◎オノ・エーワン

ISBN978-4-584-12304-1　C0275